益子駅

陶器の町・益子にある
元バイト先にて

大好きな実家！

薪ストーブ用の
薪がたくさん

お母さん
お気に入りの椅子

うちで漬けた
梅がずらり

冬に大活躍！
うちの薪ストーブ

じんせい手帖

井上咲楽 SAKURA INOUE

はじめに

「生きるの、向いてないなあ」

私は1日に何度もそう思う。

そして、自分が何者なのかをずっと考え続けてきた。

考えても仕方ないよ。

意味ないよ。

何回も言われてきたが、頭にこびりついて離れないのだ。私には考えないことが無理だった。


この本は、17歳から連載させてもらっていた徳間書店の雑誌編集さんが声をかけてくれて、書かせてもらうことになった。

「子どもの頃から今まで。何をどう考えて今の井上咲楽さんができていったのか、教えてください」という依頼。

芸能活動を始めて9月で10年目に突入したが、気づいたらこの連載が一番長くやらせていただいている仕事になった。連載を通してずっと私のことを見てきてくれたチームだからこそ、ここまで自分を深掘ってもらえたのかもしれない、と書き終えた今は思う。

思い出しながら書いていったら、どちらかというと私の暗い一面がどんどん出てきてしまった。

タレントという私の仕事は、人に元気を与える職業でもあると思う。テレビで元気にニコニコ話すことが求められるタレントとして、ネガティブな自分を出すのは失格なのでは……と感じる人もいるかもしれない。

画面に映る私も私。同時に、家に帰った後、1日を振り返って「今日も自分が嫌いだな」と思いながらしっぽり泣くのも私なのだ。

どちらも複数ある私の一面でしかない。

そう書きながら、別にそんな一面は出す必要もないんじゃないかとも思えてきた。だって、今日話した誰もが、きっといろいろな一面を持っているのに私に笑顔で接してくれたのだから。

みんな多面的な自分を抱えながら生きている。

そんな中、自分だけが生きにくさや今までのことを赤裸々に話すのなんてずるい気もする。

でも、みんなちゃんと隠して生きているからこそ、しんどかったり、苦しかったり、切なかったりする自分を持て余す夜があるのかもしれない。

私が思っているままを記すことで、元気にはならなくても「明日も生きてみるか〜」くらいの気持ちになって朝を迎えてくれる人がいたらいいなと思っている。

自己評価は高いのに、自己肯定感が低くて、褒められると素直になれず、けなされて傷ついても「自分ならできるはず」とあきらめない。

前向きなのか、後ろ向きなのか、行ったり来たり、ぐるぐる悩んで、本当に生きるの、向いていない。

人間として稚拙な私。それでも25歳の今でしか感じられないかもしれない気持ちをなるべく解像度を上げて、心から出してみた。

井上咲楽が何者か。時間があったら、私の『じんせい手帖』にお付き合いください。

じんせい手帖――目次

第2章 運命を変えた「ホリプロスカウトキャラバン」とデビュー後に直面した壁

第3章 高校生と芸能人、2つの世界で感じた苦しさ

第4章　ゲジゲジ眉毛とさよなら、私の転機

第5章　井上咲楽として、未来向きの今

第1章

山奥育ち、内気だった
幼少期から
“いじり倒される”自分へ

――山の中に建った手作り一軒家へ引っ越し

現在の実家が建つ前、幼稚園時代は団地に住んでいた。駅やスーパー、100円ショップが歩いて行ける距離にあり、生活に便利な暮らしやすい街だったと思う。

6歳頃から、ある山に家族でキャンプに行くようになった。薪は取り放題、虫もたくさんいて小学生の自分が遊ぶにはもってこいの山だった。

ある時から、その山にショベルカーなどの重機が置かれるようになり、木を倒し道を作ったりして、どんどん山が切り開かれていった。

それからだんだんと木の枠組みができていき、みんなで壁を塗ったりして、数ヶ月経つ頃には1軒の家が建った。

「これからは団地ではなく、ここに住むぞ」

父がそう宣言した。それから、「木のツルでターザンができるぞ！」「カブトムシがとれるぞ！」「ツリーハウスも作っちゃうか！」とこの先に待つ楽しい遊びをたくさん教えてくれた。

でも、遊ぶのにはいいけれど住むとなるとわけが違う。

両親としては、隣近所に気を遣わず、のびのびと自給自足のような生活がしたいという思いだったと言うけれど、小学校1年生の自分には自然の良さなど理解できるわけもなく、「便利なところに住んでいたのに、お父さんもお母さんもなんでこんなところに引っ越すのだろう？」と、とにかく不思議だった。

――初めてできた自分の部屋

狭くて古い賃貸の団地とは打って変わって、だだっ広い山奥の平家。不便さもあり、憧れの2階建てでもなかったが、初めての自分の部屋がもらえたことはうれしかった。

祖母に「2階建てのお家が良かった！」と熱心に訴えた結果、ベッドが上についている勉強机を買ってもらえて、自分だけの2階ができたこともうれしさを倍増させた。

友だちが家に来るたびに「ベッドの上で遊ぼう！」ととっておきの場所にご招待。漫画を読んだり、おしゃべりしたり、手芸をしたりしていた。


団地の頃は、床に布団を敷いて雑魚寝だったこともあって、1人で眠るのは特別感があった。


でも、夜が更けるにつれて怖さが勝っていく。団地と違って森に建つ家では、街の音が一切聞こえない。その代わりにたまに森の奥から木の枝が折れるような音が聞こえる。

自分だけのスペースはとてもうれしかったけれど、小さな妹たちがお母さんと一緒に寝ているのがうらやましくなることもあった。

特に困ったのはトイレだ。

夜中に行きたくなったとしても怖いからベッドから出られない。我慢して眠るから、よくおねしょをしていた。

――厳しい躾と静かで暗い夜の森

両親は礼儀と食事に厳しい人だった。長女の私には特に厳しくしていたように思う。お箸の持ち方、いただきますとごちそうさまをしっかり口に出して言うこと、肘をついて食べないこと、お茶碗は持ち上げて食べること、口に物が入ったまま開けないこと、他の人が話している時に割り込んで話さないこと。

基本的なマナーと呼ばれることができていない場面では何度でも注意された。それでも直らなかったり反抗したりすると、家の外へ出されていた。とても静かで暗い森に放り出されることが、小学生の私にとっては怖くて怖くてたまらなかった。

それでも、さまざまな教育方法がある中で、子どもの頃に厳しく躾けてもらったことを今ではとても感謝している。

5歳ながらに好物は「いもがら」

私の家では食べる物も他の家庭とは少し違っていた。

冷凍食品や惣菜などが食卓に並ぶことはなく、きんぴら、切り干し大根、煮物など、母が作る料理はどれも家庭的な手料理だった。

私が5歳くらいの頃、友だちの家で好きな食べ物を聞かれ「いもがら」と答えたことがある。芋のツルを甘く煮た渋い料理なので、友だちの親はそれを聞いて「5歳児から出る料理名じゃない」とびっくりしていたという。でも私にとってはそれくらい、日常的な料理だった。

さらに、毎日食べるお米は、基本は玄米を5割だけ精米した5分つき米、7割だけ精米した7分つき米が基本だった。白米は誕生日に手巻き寿司をする時にだけ出てくる特別なもの。外食もほとんどしなかった井上家で育った私にとって、給食でツヤツヤの白米が出てくるのがうれしくて仕方がなかった。

——口に入れた瞬間、冷凍グラタンの虜になった

幼稚園のお昼はお弁当を持って行く日と給食が出る日が交互になっていた。絵の具で塗ったような発色のいいタコさんウィンナー、ふかふかな黄色いナゲット、あざやかな色のピック……。お弁当の日は、友達のカラフルでポップなお弁当が眩しく見えた。

特にびっくりしたのが、友だちとお弁当の具を交換した時にもらった冷凍グラタンだ。口に入れ、舌に触れた瞬間においしさが伝わってきた。私は一瞬で、クリーミーでまろやかなグラタンの虜になった。よく噛んでようやくおいしさがわかるような素朴な食べ物ばかり食べていた私は、脳が覚えて忘れられないグラタンのあのおいしさをもう一度味わいたいと、そう思った。

しかし、母に冷凍のグラタンを買ってほしいと普通に頼んでみてもきっとダメだと言うだろう。幼い私なりに考えて、「冷凍グラタンのカップの底には占いが書いてあって、

それがやりたいから買ってほしい」とお願いした。

するとは、占いが書いてあるカップを買ってきて、そこにおかずを入れてお弁当に詰めたのだ。

こちらの真意を見抜いているのが、なんとも母らしかった。

穏やかだが強くて頑固な母

母の手作り癖はすごかった。私が幼い頃、スーパーに並ぶおいしそうな菓子パンを見て食べたいと言うと、母は「パンが食べたいのね」と家に帰って天然酵母を使ってパンを作ってくれたくらいだ。

天然酵母入りのパンは時によって発酵具合が違っていて、酸っぱかったり、硬かったりした。大人になった今ではドイツパンやカンパーニュなどハードなパンが好きになったが、幼い頃は口を切ってしまいそうなくらい硬くて甘さが少ないハードなパンは、理想のパンとは違っていた。当時の私は、チョコスティックのパンのような、甘くてふかふかなパンが食べたかったのだ。

結局、母はパン作りの勉強を重ね、最終的には作ったパンをパン屋さんで売るくらいにまでのめり込んでいた。

母は穏やかだが強くて頑固な人だと思う。

小学生の時、洗濯をしてくれていたのは母だった。取り込んだ洗濯物を運んできてくれた母に、「これ私のものじゃない」とちょっとした難癖をつけたら、「じゃあ明日から全部自分でやってね?」と言われ、その翌日から成長して一人暮らしをするまで、本当に自分で干すことになった。

一度決めたら変えない、静かに頑固な母だった。

――私に甘くて、自由に生きる父

一見怖いのは父だけど、本当に怖いのは母だ。

父は、なんだかんだ私に甘かった。街で買い物をしている時にケンカして、「もう二度と送迎しないから！　歩いて帰れ！」と言われても、結局は迎えにきてくれるような人だった。

父は「木型」という仕事をしている。同じ職業の人に今まで一度も出会ったことがないが、車の部品になるホースの検品をするための型を木で作る仕事だという。その型はビー玉が通るようなくぼみがある滑り台のような見た目をしている。大きな機械で木を切っている姿はかっこよくもあったが、いつか大きな怪我してしまうのではないかという心配の気持ちのほうが強かった。

そんな父の普段の姿は、一言で言うなら「自由な人」だ。

趣味は釣りとサッカー。特にワカサギ釣りには毎年どっぷりとハマっている。

ワカサギは氷の張った湖に穴を開けて糸を垂らして釣るのだが、父は各地の湖に出かけて、車中泊をしながら何日も釣りをする。多い時は1日で1000匹釣ってくることもあり、冬はものすごい頻度でワカサギ料理が食卓に並ぶ。家族はすでにワカサギを食べ飽きているくらいだ。

湖ではちょっとした有名人になっているらしい。U字工事さんが栃木県の中禅寺湖でロケしていた際に、湖にいたおじさんから私の父がよく釣りに来る話を聞いたそうだ。実際、私も山中湖でロケした時に湖のおじさんから「お父さんよく来るよ!」と言われたことがある。

自分で竿を作ったり、「この湖とこの湖のワカサギは味が変わるんだぞ。わかるか?」と食卓で食べ比べをしていたり、ことワカサギ釣りに関してはとにかく熱心だ。

ちなみに家族は味の違いはほとんどわからない。

父は私に甘かった。だけど同時に、厳しい人でもあった。それは私に対してだけでなく、私の友だちにさえもだ。

友だちが家に遊びにきた時、その子は玄関で靴を揃えなかった。帰った後に、「咲楽はちゃんと揃えないとダメだぞ」と教えられた。

それからは友だちが脱いだ靴を父にバレないようにこっそり揃えたり、家に呼ぶ時は

「入る時に『おじゃまします』って言ってもらってもいい？」と玄関の前でお願いしたりしていた。

そのおかげかはわからないが、大人がどんな話をしているのかとか、この人は自分のことが嫌いそうだとか、中身はわからなくとも大人の〝空気〟を察するのは小学生にしては得意なほうだったと思う。

――ファストフードやホットスナックと縁遠い子ども時代

冷凍グラタンやパンの件で伝わったかもしれないが、私はファストフードと縁遠い子ども時代を過ごしていた。

だから、「ファミチキ」という単語に憧れている。実は今でも食べたことがない。そもそもコンビニのホットスナックを買う習慣がないから、自由にお金が使えるようになっても目に入らないのだ。アイスは「買い食いしちゃおう！」と思うけど、ホットスナックのコーナーに惹かれないままここまできた。

宅配ピザも上京してからたまに友だちと食べるくらい。おいしいけど、やっぱり家の裏にあるお父さんが作った窯で焼いた自家製のほうが気に入っている。

――6年連続で「多読賞」をもらった小学生

団地から山に引っ越したことで、幼稚園時代の友だちとはお別れして小学校に入学した。家から学校まで歩いて2キロ、毎朝下山をしなければいけない。

小学生の私には毎日片道30分の登下校が果てしなく長く感じた。

周辺の幼稚園に通っていた人がほとんどそのまま入学するような小学校で、いわば途中参加の私は、なかなか馴染めなかった。

当時の私といえば、メガネをかけて暗い性格だった。

クラスでなんとか友だちが1人できたものの、その子には他に仲良しグループがあったため、休み時間は基本的に図書室で本を読むことが多かった。

『かいけつゾロリ』、『わかったさん』シリーズ、『ナルニア国物語』……。毎日毎日本を読んでは返して、返しては借りて、を繰り返した。それは本が好きだという気持ち以上に、「多読賞」という最も本を読んだ人に贈られる賞がほしかったからだ。

その結果、６年連続で多読賞を受賞することができた。当時から負けん気と目立ちたいという気持ちが強かったのだと思う。

学校に通っているうちに、登校班の子とも仲良くなった。

よくカエルを投げつけてくる蓮ちゃん。当時はカエルが本当に苦手だったので、いつもヒヨコ柄の傘を持ち歩いて、蓮ちゃんの投げつけてくるカエルを弾き返していた。「ヒヨコガエル！」とからかわれたし、よくケンカもした。取っ組み合いのケンカになると、私は当時習っていた空手の防御技や護身術も使ったものだ。

それでも、カブトムシを取ったりして毎日学校が終わるとよく遊んだ子だった。

——内気で人見知り、でも主張は曲げない

小学生の私は内気で人見知り、なのに頑固だった。

じゃんけんをして勝った人から好きな席を選べるという方法での席替えの時、クラスのカースト上位の女の子が「私たちはここら辺がいいな」とナワバリを周囲にアピールしていた。私は「正当にじゃんけん勝った人から選べばいい」という気持ちが強かったので、早々にじゃんけんに勝つと、その女の子たちがアピールしていた席を、一見遠慮がちに、だが頑固な気持ちで選んだ。

それからというもの、その女の子たちには口を聞いてもらえなかったし、トイレに閉じ込められたりもした。小学生の頃は典型的ないじめられっ子だった。

——民放は1日1人30分が井上家のルールだった

当時、井上家でテレビといえばNHKかEテレを観ていることが多かった。クラスでは『ZIP!』（日本テレビ）が流行っていて、教室ではみんななにかとZIPポーズをやっていたのだが、井上家の朝は『おはよう日本』（NHK）。教室の会話にまったくついていけなかった。

『ZIP!』で流行っているコーナーについてみんなが話している中、私は「まちかど情報室」という最新のグッズを紹介するコーナーを母と毎朝楽しみに観ていた。

ちなみに、民放は1人1日30分という制限付きで観られた。

ドラマだったら、妹を誘って同じドラマを観て、妹と私の30分を足して1時間にするという工夫が必要だった。

――3人の妹、全員の出産に立ち会った

私には3人の妹がいる。2個下、6個下、11個下と年齢差のある姉妹で、この世に誕生する瞬間を、全員分見ている。

あやしたり、おむつを変えたり、お風呂に入れてあげたり……。次女を除いて2人の妹は両親と一緒に成長を見守っているような気持ちだった。

ただ、1人っ子と鍵っ子に憧れていた私は、妹が増えるたびにファミリーパックのお菓子の減りが早くなることがちょっとさみしかった。

悔しくてお風呂で妹にぺっぺっと水をかけて、ぎゃーと泣かれ、母に怒られる。そんなちょっと意地悪な姉だったと思う。

――中学で性格ががらっと変わっていく私

内気で人見知りだった私の性格が、明らかに変わったと言われる節目がいくつかある。最初の節目は中学1年生の頃だろう。きっかけはバレーボール部に入ったことだった。それまでやっていた習い事は空手とそろばんという、基本的にどちらも個人競技で、団体戦は不得意だった。

ものづくりが好きだったので美術部に入ろうかと思っていたところ、「バレー部に入らない？」と同じクラスの子に声をかけてもらって、入部することになった。

今考えてみると、私がパッとしなくて押しに弱そうだから声をかけやすかったのかもしれない。

それでも、小学生の頃に唯一仲良かった子は卓球の強豪校に進学し、1人ぼっちで不安だったところで声をかけてもらえて、うれしくて仕方なかったのだ。

それに加えて、友だちにものすごく必要とされる経験がなかったので、「お願い！」

と懇願されたことが気持ちよかったのもある。

親は、場の空気を読むことが苦手でトラブルばかり起こしていた協調性のない私が、チーム戦のバレー部に入ることに驚いていた。でも、母は自分が学生時代にバレー部だったこともあり、結果的にはうれしそうにしていた。

――朝昼夜、週末とバレー部の活動に没頭する

いざ部活が始まると、部員の声の大きさと明るさに驚いた。みんなとにかく明るかった。「ちょっと男子!」とクラスではリーダーシップをとって引っ張る子、地域の代表として海外派遣に行くような活発的な子。それの何が面白いの？　ということでも、思いっきり笑うし、ハキハキとしゃべる。

愛想笑いができない私は、初めはその雰囲気に馴染めずに苦しんだが、チームというのは常に空気をよくしていたほうがいいということを学び、ここで多少の協調性を身につけられたと思う。

バレー部の活動は他の部活と比べてもハードで、放課後はもちろん、朝練、昼練、夜練、土日の練習試合……と、1日のほとんどを部員と過ごした。おかげで私は、いい意味でその空気感に飲み込まれていった。

――部活の合間に初めて食べたコンビニのおにぎり

バレー部でよく覚えているのは、ある日の練習試合の前のこと。

みんなでコンビニのおにぎりを食べる機会があった。人生で一度もコンビニおにぎりを食べたことがなかった私は、パッケージの開け方がわからず、部員の子に聞いてみた。するとその子はものすごく驚いてすぐに部員のみんなに共有し、全員に笑われた。

その後も世間的には常識だけど、私にとっては新鮮に感じることが何度か続き、気づいたらバレー部の中で「おもしろ部員」というポジションになっていた。

「これを知らないなんてどうやって生きてきたのよ！」と、ただ笑われているだけなのだが、普通に生きているだけで笑ってもらえるので「自分はもしかして面白いのでは……?」と勘違いが生まれ、部活に行くことがどんどん楽しくなっていった。

――キャラ変、いじり倒される人になっていった

中学校入学の時に、小学校の先生のご指名で私が「新入生代表挨拶」をすることになり、その印象でクラスの学級委員長もやることになった。おそらく周りのみんなは「パッとしないけど、あいつでいいか。代表挨拶していたし」くらいにしか思っていなかったと思うけれど。

適当に選ばれた学級委員長の私、そしてバレー部のおもしろ部員としての私。

この2つが噛み合わさったことで、中学生の私はいわゆる「キャラ変」をしたのだと思う。同じ小学校出身の同級生からも「井上って明るくなったよね。そんなキャラだったっけ?」と相当驚かれたくらいだ。

バレー部の部員がクラスでも私のことをいじるようになると、他の同級生も私のことを「いじっていい人」と認識して、いじり倒してくるようになった。

授業中、私が寝てしまっていると、先生からも怒られるというよりいじられた。

そして部活ではいろんな先生のモノマネをリクエストされて、それがそこそこウケた。理科の井野先生の低いトーンで実験を説明するモノマネ、他校のバレー部の三浦先生のちょっと鼻にかかった指導など、身内ネタだがみんなが笑ってくれた。

練習試合のお昼休憩の時に監督に呼び出され、試合に出てもいないのに他校の先生の前でモノマネを披露することさえあった。

バレー部時代の写真を見ると、ほとんど私が中心でいじられているような写真ばかりだ。

――人生の転機はいつも〝眉毛〟が助けてくれた

最初は遠慮しながらという感じだった同級生も、馴染んできたら私の特徴的な太い眉毛をとことんいじってきてくれた。

芸能界に入ってからよく「眉毛でいじめられたことってないんですか？」と聞かれるようになったが、人生において眉毛が原因でいじめにあったことはない。むしろ人生の転機では、いつも眉毛に助けられている。

今も昔も、モテたいとか、憧れられたいとか、そういうことよりも、いじられたいという欲のほうが圧倒的に強い私は、太すぎる眉毛の存在にものすごく救われてきたのだ。

——今では信じられないけど、クラスの中心人物だった

クラス替えはあったが、３年間ずっと学級委員長をつとめ、運動会では応援副団長もつとめた。

応援合戦で、紅組だから赤いＴシャツを着たいと先生に伝えると、厳しかった教頭先生からＮＧが出された。当時は気が強かったので、教頭先生に直談判しに行ったくらいだ。

本当に今では考えられないほど、ハキハキしていてクラスの中心人物だった。

勉強面でも目立つ生徒だった。

ぐんぐん成績が伸びていたのと、ノートのとり方が綺麗だからということで、私の自主学習ノートがコピーされて全校生徒にお手本として配られたりもした。

バレー部のみんなでマックに行ってハンバーガーを食べてみたり、プリクラを撮ってみたり。『ラッキーセブン』（フジテレビ）や『家政婦のミタ』（日本テレビ）など流行りのドラマを観たり、『L♥DK』『今日、恋をはじめます』『あやかし緋扇』など少女漫画に夢中になったり。

休みを目一杯使って、今時の遊び方を学んだ。

小学生の頃には考えられなかった自分になっていくことがとにかく楽しかった。「なんだ、私って本来こういう性格だったんだ」と錯覚したまま、中学を卒業した。

キーワード① エレファントカシマシの宮本浩次さん

宮本さんを好きになったのは高校生の時。

『ワイドナショー』（フジテレビ）に出ているのをテレビで観て、独特の動きに「なんだこの人は！　どうしてこんなに苦しそうなんだ……」と衝撃を受けたのがきっかけだった。

調べたら、エレファントカシマシというバンドの人だとわかって、音楽を聴いてみたら、魂に響くような声と歌詞だった。たまらず、ライブ映像も観てみる。そこには、寿命を削っていくみたいに歌う宮本さんがいた。

でもそうやってステージで何かに取り憑かれたかのように懸命に歌っているのに、バラエティ番組ではすごく恥ずかしそうに見える。人間をそのままむき出しにしたような人だなと感じた。

すぐに宮本さんとエレカシが大好きになり、生まれて初めて生でライブに参加したいと思った。そして、生まれて初めてファンクラブにも入った。

でも、チケット抽選が当たらない。

どうしても近くまで行きたくて音漏れを聴きに行ったことさえあるくらい、今も変わらず大好きで、ファンクラブも会員のままだ。チケットが当たればライブにも行っている。一番好きな曲は『sweet memory』。ずっと聴いている。

キーワード② コメダ珈琲

一番好きなカフェはコメダ珈琲。好きすぎて、家でも公式ショップで買ったコメダのマグカップを使っているくらいだ。ちなみにこれは有田焼らしい。

コメダの素晴らしいところは居心地の良さと、椅子のふかふかさ。食事メニューだとエビカツパン、デザートならクロネージュが好きだ。

スケジュールを見て、仕事の間にスキマ時間がある時は「今日はコメダに行くチャンスがあるな」と考える。渋谷ならあそこ、新宿はあそことあそこ。仕事で行くことの多い街のコメダの場所は頭の中に入っている。

難点は1つだけ。コメダはちょっとだけ高い。だから、誕生日プレゼントには、コメダのコーヒーチケットがもらえると飛び上がるくらいうれしくなる。

キーワード③ エゴサーチ

芸能界で仕事を始めてから10年目、いまだに毎日エゴサーチを続けている。

「もう昔みたいに全部追い切れないでしょうし、読むと傷つく声もあるでしょう。さすがにやめましたよね？」と旧知のライターさんに聞かれたけど、全然やめていない。本当に呼吸するようにエゴサーチをしている。

検索ワードは、「井上咲楽」の他に、さくらの変換で最初に出てくる「井上咲良」、ひらがなの「いのうえさくら」、たまに使われている「イノサク」、眉毛を剃る前は名前で覚えてくれている人が少なかったから「番組名＋眉毛」や「眉毛の子＋虫」などなど。

みなさんの想像以上に、私はみなさんの書き込みを読んで、いろいろなことを考えている。

でも書かれた言葉の受け止め方は最近、変わってきた。

昔は「井上咲楽、声がうるさい」みたいな書き込みをみつけると、1個1個に傷ついて、

「いやあ、普段の私はうるさいかって言ったら、そうでもないほうだと思うんだよな。陽キャじゃないし」と。1個1個を訂正して回りたいくらいの気持ちがあった。

それがnoteやYouTubeで自分の考えを発信するようになってから、自分が汲んで欲しいポイントがしっかり伝わっていて、わかってくれる人たちがいるんだ……という安心感が生まれた。そうしたら、テレビを観て書かれた厳しい声に遭遇しても、「あの一瞬で私の全部が伝わるわけじゃないし」と訂正しようとまでは思わなくなったのだ。

だけど、昔は不思議だった。

あるバラエティ番組に出た後、「うるさい」「声がでかい」と自分の感覚としてはプチ炎上くらいの規模でネットにバーッと書かれたことがある。それをスマホで見ながら、渋谷の街を歩いた。そもそも自分が井上咲楽だと気づかれているかもしれないと思うのが自意識過剰だけど、不思議なくらい面と向かって悪口を言ってくる人はいない。

そうして気づいた。ネットの書き込みは、こっちから探しに行かなければ見つからない。そういう距離感のものなのかもしれない、と。

じゃあ、どうして今もエゴサーチを続けているのか。それは一般論が気になるからだ。「発言が鼻につく」と書かれれば、「確かに、あの言い回しで傷つく人はいるかも。次は言い方を変えてみよう」と考える。ただそこまで深刻には受け止めない。書き込みをしている人が私に仕事を依頼するわけではないからだ。そう割り切って考えられるようになってきた。

もちろん、エゴサーチの結果、うれしい言葉と遭遇することもある。

「この子、たまにとんでもないことを言うから好き」

「井上咲楽のＹｏｕＴｕｂｅは全部早送りせずに飛ばさずに見ている」

「本当にこの子がしていた生活が憧れです」

私は、自分が誰かの憧れみたいになることを想像したことがなかった。だから、この書き込みと出会った時は、絶対にスマホを見ながらニヤニヤしていたと思う。

キーワード④ マネージャーさん

ホリプロスカウトキャラバンで特別賞をもらって、マネージャーさんがつくことになった。なんかかっこいい！　と思ってからもう10年目だ。

マネージャーさんたちには15歳の時から芸能界のこと、仕事のこと、社会常識のこと、東京での暮らしのこと、いろいろ教えてもらってきた。

収録の後に栃木に帰る電車のホームでガン詰めされたことも数知れず。だけど、高校を卒業した後、大人から本気で怒ってもらえる機会なんてほとんどないと思うし、ダメなところも、よかったところも、そのまんま言ってくれるのはありがたい。

できないことより、できるのにやろうとしないことがあると、ビシッと指摘してくれる。だから今も指摘をもらうと気持ちがピリっとする。

何人かいるマネージャーさんの中には年齢が近いマネージャーさんもいて、仲良くなりやすい。タレントの中には休日もマネージャーさんと遊びに行って仲のいい友だちみたいな関係を作っている人もいる。でも私は、年下のマネージャーさんであっても敬語を使うくらいの一定の距離感で接するようにしている。

昔からいるマネージャーさんは「タレント・井上咲楽はこんな感じ」というイメージが固まっているところがある。そこを揺さぶってくれるのが若いマネージャーさんたちで、「井上咲楽」を別の方向に導いてくれていっている。

眉毛を剃った時、料理本やＹｏｕＴｕｂｅをやろうとなった時。特に料理本の話をもらった時は、私は「ファンとかいないのに出してもなあ」と思っていた。でもこういった若いマネージャーさんたちが「やりましょうよ！」と背中を押してくれた。そんなふうに何度も前向きな気持ちにしてくれたから、私はタレントとしての新たなスタートを踏み出せたと思う。

キーワード⑤ 芸能界

芸能界。ひと言ではなんとも言えない世界。

でも、何でも仕事になる場所だなと思う。自分が持っているもの全部を仕事にしようと思えばできる場所。そうしたほうがいいかどうかはわからないけれど。

入った後でまず驚いたのは、番組の収録時間の長さ。こんなに時間かかるんだ！　と衝撃だった。1時間の番組のために、スタジオで2時間、3時間撮影する。もちろん、撮ったら終わりではない。撮る前の準備、撮った後の編集など、ものすごい数の大人の労力がかかっている。

実家で、1人でポテチ食べながら何気なく観ていた番組。あれはいったいどれだけの人が寝ない勢いで作っていたんだろう？　そのスケールの大きさに気づいたとき、改めてびっくりした。

もう1つ勘違いしていたのが、活躍していくことの難しさだ。芸能界に入る前は、人気の番組に出たら一気に顔と名前が知られて、明日からスターになる……みたいなことが起きると思っていた。でも、入ってみるとそんな世界ではまるでなかった。

まず、1つの番組に出るのが大変だということ。さらに、出られたとして爪痕が残せるかは別の話で、仮にいい感じの手応えがあっても、それが次のオファーにつながるかどうかは未知数。

努力して運を待つみたいな、ギャンブルをしている感覚がある。

第2章

運命を変えた
「ホリプロスカウトキャラバン」と
デビュー後に直面した壁

――テレビに出たい中学生に届いた怪しいDM

幼稚園の頃からずっと、「テレビに出たい」という想いがあった。

4歳、5歳、まだ山の家に引っ越す前、団地の部屋でNHKの『クッキンアイドル アイ！マイ！まいん！』など、自分と同じ年くらいの子たちが画面に映るのをうらやましく観ていたのを覚えている。

中学生になってバレー部に入り、キャラ変をしたあたりでプロフィールに「芸能界に入りたいです」と書いてツイッター（現・X）にアカウントを作った。

すると、映画製作に関わっているという人からDMが届いた。

「よかったら、東京で話しませんか？」

今考えてみると十分に怪しい誘いだ。でも、中学生の私は「これはチャンスだ」と思った。

当時、芸能界への夢をお父さんは反対、お母さんは「あんたにできる仕事じゃないわよ」という消極的な反対。芸能事務所が行っている正規のオーディションを受けるには、保護者の同意書が必要だったので応募できずにいた。

だけど、ツイッターのＤＭ経由なら話は別だ。

怖さよりも期待感でいっぱいで、私は「ちょっと出かけてくる」と家を出て、おじいちゃんに頼んで駅まで送ってもらい、こっそり東京に向かった。

――オーディションには行ってもいい、今度からちゃんと言いなさい

待ち合わせ場所でＤＭをくれた相手の男性と落ち合った。

芸能界のこと、映画のことなど、いろいろと話した。そのうち演技の話になったら、相手が「僕の家でハグの練習をしよう」と言い出した。

さすがの私も「これは、ダメなヤツだ！」と察してすぐに逃げ出した。

夕方、無事に家に帰り着いてホッとしたところで、お母さんから「どこに行っていたの？」と聞かれた。

「東京」

「え？　公民館にでも遊びに行っているんだと思っていた！」

詳しいことは説明しなかったけれど、それでもちゃんと心配してくれた。

その出来事がきっかけで、お母さんの態度が軟化した。

「オーディションには行ってもいいから、今度からちゃんと言いなさい」

保護者の同意書にもサインしてくれるようになって、晴れてオーディション解禁となったのだ。

ちなみに、ＤＭがきっかけでちょっと危ない目に遭ったことは、親には内緒のままにしてきたので、ここで初めて明かしたことになる。

――1人で原宿に行って、竹下通りを何往復もした高1の日曜日

解禁になったとはいえ、本格的にオーディションを受けるようになったのは、高校生になる春からだ。

両親は自分たちが「ダメだ」と言ってもあきらめないだろうと察したみたいで、「芸能界なんてとんでもない！」という感じではなく、「オーディションに落ちたら現実がわかるだろうし、あきらめもつくだろうから、受けたらいいよ」というスタンスに変わった。

中学の卒業文集に「芸能界に入りたい」「お笑い芸人になりたい」と書いた。でも保護者からのメッセージ欄には、「現実を見て頑張ってください」とあったのを覚えている。

卒業してすぐ、雑誌の『Ｄｅｖｉｅｗ』や『Ａｕｄｉｔｉｏｎ』で情報を集めて、いろんな事務所に履歴書を出した。書類審査が通れば、東京でオーディションを受ける

ことになる。

他にも、オーディション情報サイトの掲示板でスカウトされた人たちの体験談を読み、原宿の竹下通りに出かけたりもした。

1人で原宿に行って、竹下通りを何往復もする日曜日。

スカウトの人に声をかけられることもあったけど、ほとんどは名前を聞いたことのない事務所ばかりだった。

――憧れの存在とアルバイト

当時、私には憧れていた芸能人がいる。今のところ人生で最初で最後の追っかけ相手でもある。

「Vine」という動画アプリでバズっていた高校生の頃のkemioさんだ。

kemioさんがインフルエンサーになっていく過程をSNSで見ていて、憧れは強まり、自分も芸能界に入りたいという気持ちがどんどんと高まっていった。

だから、放課後はとにかくアルバイトをした。東京への交通費を稼ぐためだ。平日は定食屋さんや回転寿司店、週末は益子焼の販売もしているカフェで働きまくる高校生活でもあった。

――中学の時の先生と職員室でお茶を飲みながら作戦会議

ホリプロスカウトキャラバンに応募したのは、完全な勢いだった。

高1の私は、高1なりに冷静で、「私なんかは大手事務所には受からない」と思っていたから、履歴書を送る先はいつも小さめの事務所のオーディション。でも、ホリプロスカウトキャラバンの応募締め切り日、バイト先でその話をしたら「出すだけ出してみたら？　無料なんでしょ？」と言われて、「それもそうか」と思った。

家に帰って机の前で自撮りをして、締め切り直前にオンラインで履歴書を送った。あとで聞いたらその年の応募総数は3万9702人。書類審査を通過して、地区予選に出られることになったけど、突破できるイメージは全然湧かなかった。

困った私は芸能界を目指すのを応援してくれていた中学校の先生のところに遊びに行って、職員室でお茶を飲みながらこんな話をしたのを覚えている。

「私、今度スカウトキャラバンの地方予選に行くんですよ」

「すごいじゃん！」

「でも過去のグランプリ受賞者って、石原さとみさんとか綾瀬はるかさんとかなんですよ。私、どうしましょう。予選の本番で何したらいいですかね？」

「モノマネをやればいいじゃん」

「受かんないですよ、そんなの！」

「何万人も受けて本選まで残るのが10人くらいなんでしょ？　落ちる人が大半なんだから、そこで見ていた人に、『落としたけど、ヘンなモノマネやっていた子いたな』となるだけで意味はあるんじゃない？」

歌やダンスはできない。小学生の頃から習っていた空手を活かして、演武……とも思ったけど、とにかく周りと違う面白いことをして印象を残せたら、と決意して会場に向かった。

――決め手になったのは、モノマネ&スルメと眉毛

地方予選は10人くらいのグループ審査だった。審査員の前で横一列に並んで、30秒間の持ち時間でそれぞれが「歌います！」「ダンスやります！」「○○が得意です！」と、特技を披露していく。

私はギリギリまで演武と悩んだ末、先生のアドバイスを活かして芦田愛菜さんのモノマネをしながら、スルメの食リポをした。

これだけを書くと、「うまく想像できない」と思う人もいるかもしれない。でもとにかく、芦田愛菜さんのモノマネをしながらスルメの食リポをしたのだ。

30秒後、私はしっかりとした手応えを感じていた。

なぜなら、審査委員長がひっくり返って笑っていたからだ。それを見て「自分、ハマっているな！」と確信した。

ただ、これに関してあとから事務所の人に聞いたら、モノマネがウケていたわけではなかったらしい。

30秒しか持ち時間がないのに、わざわざ立ち位置から離れ、ステージ後方に置いたカバンまで物を取りに行き、「何が出るんだ!?」と期待値を上げながら、取り出したのがただのスルメだったことがツボにハマっただけだったという。とはいえ好感触は好感触なのだから、問題なしだ。

予選突破の決め手になったのは、眉毛だったという。

ステージを降りる時、「最後に前髪を上げてください」と言われ、かき上げたら審査員がどよめいた。

「え、あの眉毛は何？」

当時の私は重たい前髪で、手入れをしてない眉毛を隠していた。その髪型が一番自分の顔が映えると思っていたのだ。

審査員の人も前髪の下からそんな眉毛が出てくると思っていなかったのだろう。思わぬギャップになって「ヘンな間でモノマネをする、すごい眉毛の子がいる」と印象に残り、最終審査に進めることになったのだ。

人生、本当に何が功を奏するかわからない。思いついたことはやるだけやったほうがいいとしみじみ思う。

――この子はなんで地方予選に通ったのかな?

そこからは急展開だった。

予選が終わって埼玉のおばあちゃんの家に泊まっている時、「サイパンで合宿があるので、今すぐパスポートを取ってください」と電話がかかってきた。ホリプロスカウトキャラバン40周年だったこともあり、公開で行われる東京での決選大会の前に海外合宿が行われる年だったのだ。

サイパン？　合宿？　パスポート？

山奥育ちの私は海外に行ったことがなかった。突然のことに軽いパニックだった。

埼玉から急いで実家に帰ってパスポートを申請。旅行用のスーツケースさえも持っていなかったから、親とイオンに買いに行った。

だけど、売り場の前で何がきっかけだったか覚えていないくらいしょうもないことで親とケンカになった。

「そんな態度ならスーツケース買ってあげないよ」

「じゃあいい！」

ごめんと言えばいいのに、謝れない。出発日まで意地を張ったままの私は、結局スーツケースがなくて、ゴミ袋に着替えを詰め込んだ。台車にそれをくくり付け、集合場所である目黒駅に向かった。

パンパンのゴミ袋を2つくくり付けた台車を引き、キョロキョロしながら自動改札を抜けてくる私を見て、事務所の人は「この子、なんで地方予選を通ったのかな」と心底、疑問に思ったという。

――誰とも話せないサイパン合宿

サイパン合宿の間、ずっと同じ疑問を抱いていた。

本選に残った10人のうち、同い年も3人いたけどみんな洗練されていて、自分以外の9人は本当にキラキラしていた。

中でも20歳のお姉さんは、田舎に住んでいる自分と同じオーディションを受けていると思えないほど、都会と芸能界の雰囲気があった。街を歩いていたら、道行く人がみんな見るレベルの可愛さだ。

「なんで私、ここにきちゃったんだろう?」

9人と自分とのギャップがありすぎて、元々の人見知りの性格が出てしまった。オーディションではモノマネをやって明るくしゃべっていたのに、合宿では自分の周りに無言の壁を作って、ぽつん。誰とも話せないのに、10人で一緒に水着を着て写真を撮る審査もあって、私だけスーツケースもなくてゴミ袋だし……つまらない!

サイパンは全然楽しくなかった。

――「これはグランプリとのW受賞だな」と真剣に思っていた

サイパンにいい思い出はないけれど、決選大会前の最後の東京合宿の時には「絶対にグランプリ獲るんだ！」という気持ちに切り替わっていた。というのも、決選には自分で演し物を考えて披露する自由審査の時間があったからだ。

周りの子たちがやるのは歌やダンス、映画やドラマの1シーンのような模擬演技がほとんどだった。そんな中、私はMr．ビーンのモノマネをしながら、映画館の本編上映前にかかる映画泥棒のコマーシャルのパロディをやったり、1人で漫才をやったりする、他とは違う演し物を準備していた。

とんでもなく可愛くて美人な人ばかりの中、1人だけバラエティを意識していた私は「みんなとは違う！　もしかしたらいけるかもしれない！」という感覚になっていったのだ。

本番では、眉毛を活かしてＭｒ・ビーンのモノマネをしながら、ボケとツッコミを交互にこなす１人漫才と映画泥棒のパロディの全部をやった。

会場の反応は他の人の歌やダンス、演技とは大違い。ドーンとウケたし、ステージから笑っている審査員の姿を見る心の余裕もあったし、手応えは十分。

受賞者の発表直前、私はステージで「自分がグランプリだ」と確信していた。

特別賞で自分の名前が呼ばれた時は「グランプリとのＷ受賞なんだな」とさえ真剣に思っていた。当時のＶＴＲを観ると、グランプリの発表の瞬間を「はいはい」って顔で待っている私がいる。

もちろん、グランプリを受賞したのは別の人。飛び抜けて華のあったその子が大会の後、たくさんの報道陣の中で取材を受けている姿を横目に見て、「うらやましいな……」と思っていた。

――私は消極的な選択で「女優さんになりたい人」だった

スルメを食べながら芦田愛菜ちゃんのモノマネで食リポしたり、Ｍｒ．ビーンのモノマネをしながら１人漫才をしたりしておきながら、当時の私は特別賞受賞後の取材で「何になりたいですか？」と聞かれ、「女優さんです」と答えた。

聞いた記者さんも、近くにいた事務所の人も、「え？」という顔になったのを覚えている。

今の自分がその場にいたとしても、意味がわからないと言うしかない受け答えだ。

だけど、私の中では筋が通っていた。

幼稚園の頃、テレビに出る人に憧れていた。中学でキャラ変してからは明確に「芸人さんになりたい」と思っていたのだ。

近くの市民会館に「週末よしもと」の公演が来た時は駆けつけたし、『ピラメキーノ』（テレビ東京）の影響もあり、はんにゃさん、フルーツポンチさんが出ると観客席はめちゃウケで、私は「自分もこんなふうにみんなを笑わせる人になりたい！」と憧れた。でも、高校生になって気づいた。中学での自分は周りを笑わせていたんじゃなくて、笑われていたんだ、と。

笑いのセンスはない。それでもテレビに出る人にはなりたい。

「女優さんだったら台本があるし、セリフを覚える努力くらいなら自分にもできるんじゃないか？」

そんな超ナメた、消極的な選択で私は「女優さんになりたい人」だったのだ。

――芸名がエンジョイ・ガールだったら完全に名前負け

ホリプロ所属が決まった当時はフワフワした気持ちだった。

自分には無理だと思っていた大手事務所に入ることができて、すぐにテレビの仕事ももらえた。仕事があるたびに栃木から東京へ行くことになる。

雑誌の『Ｄｅｖｉｅｗ』や『Ａｕｄｉｔｉｏｎ』で合格者のインタビュー記事を読むと、たいてい「まさか、自分が」と答えている。前までは読みながら「どう見ても可愛いじゃん」「まさかじゃないよ」とツッコんでいた。だけど、いざオーディションに合格したら私も「まさか自分が」と言っていた。テレビ番組に出られることになった時も、同じ気持ちだった。

まずはテレビ朝日の深夜番組『決め方ＴＶ』で、芸名を決めることになった。候補はいろいろで、当時ツイッターが流行りはじめていたから、井上の井をハッシュタグに見立てた「＃上咲楽」とか、いちごが有名な栃木出身だから「とちおとめ咲楽」とか、ＬＩＮＥのＩＤに使っていた「エンジョイ・ガール」とか、中学の時に友だちとの間で気に入って使っていた謎の言葉「ブリンブリン」と咲楽をくっつけた「ブリンブリン咲楽」とか。個性的な候補はたくさんあった。

でも、最終的には本名である「井上咲樂」の旧字部分を「楽」に替えた「井上咲楽」

に決まった。

今にして思えば、「エンジョイ・ガール」や「ブリンブリン咲楽」になっていなくて心底よかったと思っている。芸能活動を8年やって、今もまだエピソードトークがうまくできない……と悩んでいるのに、もし私が「エンジョイ・ガール」だったら完全に名前負けだっただろう。

司会の人から「エンジョイ・ガール」と紹介されたら、誰もが「明るくて元気な話し上手の陽キャ」みたいなノリの人が出てくるのを期待する。でも実際にはモジモジした人見知りが出てくるのだから、意味がわからない。

井上咲楽で活動を始められて、本当によかった。

――デビュー後、ヘンな自分をアピールする方向で迷走

芸名も決まって、ここからテレビにいっぱい出られる！　と思ったものの、うまくはいかなかった。

それでも定期的にテレビのお仕事は入って、『今夜くらべてみました』（日本テレビ）では、事務所の先輩の春香クリスティーンさんに「これからのキャリアについて相談する」という形で初出演した。

大きなチャンスだと思った。

そこで「私はまだおねしょをしてしまうんです」「家族にバレたくなくて、その布団を取り替えずに寝ています」と話したら、スタジオのアンジャッシュの渡部建さんが、「この子おもろいじゃん！」って言ってくださった。

オンエアにも乗っていて、「やった！　これは摑んだ！」「売れるかも！」とマネージャーさんとすごく喜んだのを覚えている。

だけど、反響は一瞬だった。

友だちや家族からは「そんな路線で芸能界に出るの？」と心配されもした。でも、ホリプロスカウトキャラバンでも「人と違うことをしたからうまくいった」という経験が私を後押ししていた。

ヘンな自分をアピールするという方向で、どんどんと迷走していった。

テレビに出る夢は叶ったけど、私は何の武器も持ってない

当時のブログに「私は今日もうんちが出ません。何日後に出るんでしょうか」と書いて、事務所の人にめちゃくちゃ怒られたのを覚えている。でも、そのブログがきっかけで、『世界一受けたい授業』（日本テレビ）のスタッフさんが「便秘の子がいる」と見つけてくれて、便秘部門のゲストとして出演できることになった。

私は「ほらみろ！　ヘンな私というアピールが正しいやり方なんだ！」とどこか見返したような気分だった。家族にも「やっぱり変わっていないと売れないんだよ」と語り出す始末。

その後、いくつかチャンスをもらったバラエティ番組。スタジオで一緒になるのは、トークの天才や才能の塊みたいなタレントさん、芸人さんばかりだった。

そんな中で、私はいざとなると何も言えないし、何もできない。ただ「テレビに出た

い！」という無邪気な想いだけだった自分の才能のなさというか、何もなさを痛感する日々が続いた。

これからどうなっていきたい、こんな人になりたいという将来のビジョンもなく、自分は何の武器も持ってないことに気づいて、どんどんタレントとしての自信がなくなっていった。

キーワード⑥ ぺえさん

あるテレビ出演の仕事の時、楽屋挨拶に行った先で最初に出会ったのが、ぺえさんだった。頭に王冠をのっけた衣装でガチガチに緊張して挨拶したら、ぺえさんがすごくニヤニヤしていたことを鮮明に覚えている。でもそれから一気に仲良くなったわけではなくて、連絡先を交換したのはたぶん3年前くらい。今では「芸能界で仲がいい人は？」と聞かれて、即答できるくらい仲がいい……はずだ。

ＹｏｕＴｕｂｅを始めるきっかけをくれたのもぺえさんだし、しんどいことがあった時に気遣ってくれるのもぺえさん。

１００キロマラソンでリタイアした後も、すぐに「大丈夫か？」「動けなかったら、行くぞ」と連絡をくれた。「大丈夫です」と返したら、「何か送るけど、何が食べたい？」「鰻とか今、重いか？」とどんどん連絡をくれた。「鰻はちょっと重いですね」って返したけど、このやりとりだけでも助かったし、しばらくしたら宅配でヨーグルトとかプリン、ゼリーにスポドリといった、風邪を引いた人への差し入れセットみたいな品々が届いて笑ってしまった。

めちゃくちゃ気遣いの人で、絶対に相手のこと傷つけるようなこと言わないぺえさん。これからもよろしくお願いします。

キーワード⑦ 恋愛の始まり

「この人と仲良くなりたい」とは思う。でも、私から「仲良くなりたいです！」と行動を起こすことはほとんどない。相手の連絡先も聞けない。いいなって思う人に対してほど、消極的になる。誰も私のような者と仲良くなりたいとは思わない、という考え方で生きているからだ。

かといって、恋愛をしてきていないかと言えば、そんなこともない。じゃあ、どうやって始まっているか？　それは向こうがぐいぐい来てくれることがほとんどだ。

知り合い何人かでごはんに行ったり、遊びに行ったり。そうやって過ごすうち、向こうから来てくれたから「いいかも」みたいな感じでゆるっと付き合い始める。

本当にすごく好きで、自分から距離縮めようと頑張って始まった恋愛もあるにはあるけど、そうするとあまりうまくいったためしがない。

キーワード8 好みのタイプ

向上心のない人と付き合いたい。

自分が仕事に対してガツガツしている分、相手も同じタイプだと一緒にいてキツくなる。私よりも頑張る人だと、隣にいる自分が怠惰に思えて焦ってくるからそれもそれでしんどい。だから、向上心のない人がタイプだ。

自分の好きなものに対する向上心はあっても、それを私の前では見せない人。一生懸命に何かする時は別の場所にいたり、頑張っていても「好きでやっているだけだから」みたいな空気感を出せる人。そういう人が隣にいてくれたら、いつも生き急いでいる自分に落ち着きが生まれて、うまくいきそうな気がしている。

言い方を変えると、自己肯定感は高くて、自己評価は低いタイプ。自己肯定感が高いから自分を認めてほしいとこっちに迫ってくる感じはなくて、自己評価が低いからちょっとしたことでも喜んで笑顔になれる。

私は自己肯定感が低くて、自己評価が高いので、うまく噛み合うはずだ。

キーワード⑨ 好みのタイプ その2

実は超ロックな人と付き合ってみたいという願望もある。

パワーに溢れていて、爆発した感じ。そういう生き方がロックな人。たぶんこのタイプの人と付き合ったら大変だし、自分の仕事への取り組みもおろそかになってしまうし、面倒くさそう……とわかっていながら、好きだし止まらない、みたいな恋愛！

影響を受けて自分の生活スタイルもガラッと変わっちゃいそうな、そんなロックな人への憧れがずっとある。

第3章

高校生と芸能人、2つの世界で感じた苦しさ

──高1の秋、学校に行けないくらい忙しくなるつもりでいた

高校1年生、16歳でホリプロスカウトキャラバンの特別賞をもらって、幼稚園の頃から出てみたいと憧れていたテレビに出ることができた。決選大会があったのはちょうど夏休みの最終週の週末。次の月曜日から学校というタイミングだった。

受賞の様子はニュースでも流れていたし、同じ学校に大手事務所のオーディションに受かった生徒がいるとなれば、気になるはず……。どんな反応があるのか、夏休み明けの私は期待半分、不安半分で登校した。

クラスの子たちは「すごいね」と褒めてくれたし、事前に校外活動として許可をもらっていたので先生たちも「やったね」と言ってくれて、概ね好反応。

でも、それだけじゃなかった。

上級生がわざわざクラスまで見に来て「あいつ?」「そうでもなくね」とヒソヒソ話していたり、運動部のヤンチャな人たちが教室の窓をドンドンドンと叩いて注意を引い

てきたり。通学に使う電車の中で「結構調子に乗ってるんじゃないの?」「なんかちょっと気に入らない」みたいなやりとりが聞こえてきたりもした。

それでもしばらくは耐えられた。

「私はホリプロスカウトキャラバンに受かったんだから、絶対すごいスターになれる、テレビにたくさん出られる」という自信があったからだ。一部の人に陰口を叩かれていても、すぐに学校に行けないくらい忙しくなるつもりだったのだ。

——毎日学校に行けている状態が恥ずかしいと感じ始めた

現実は甘くなかった。

仕事がないわけじゃないけど、想像していた忙しさでは全然ない。東京へ行くのは週に1回くらいで、学校にも普通に通えるペース。その間も上級生からのいびりは続き、私は勝手に「仕事がないから学校に来ているんだと思われている……」と思い込み、毎日学校に行けている状態が恥ずかしいと感じ始めていた。

今振り返ると、思春期だったのもあったからか、明らかにメンタルのバランスがおかしなことになっていたと思う。

気まぐれで、超意地っ張りで、へそ曲がりになっていた。

例えば、朝起きる時間が10分遅れただけで、「もう自分はダメ人間。だから今日は学校に行けません」となる。親友のいつきがわざわざ山の中の家に迎えに来てくれて、「行こうよ」「ちょっとくらい遅刻しても大丈夫だよ」と言ってくれても、ダメなのだ。やさしくされればされるほど、意固地になっていく。

1回決めたことを変えられない。気持ち的には落ち着いてきているのに、「今日は行かない」と言った手前、覆すのはかっこ悪い。いつきが何を言っても「いい」「やだ」「変えない」ばかり。

ずっとそんなことの繰り返しで、絶縁は時間の問題だった。

――応援し、心配してくれていた親友と絶縁

当時、私を心配してくれていたいつきは、25歳になった今でも一番の親友だ。

でも高1の終わり頃、一度友だちをやめることになった。

友だちにやめるも、始めるもない気がするが、この時は明確に「友だちをやめましょう」ということになった。

原因は、私だ。

ネガティブな妄想を広げては、勝手にへそを曲げて、意固地になって、うまくいかないことを周りのせいにしていた。

「学校に行くと仕事がないと思われる」という不安があって、それでもまったく行かないわけにはいかない。とはいえ、家でぐずぐずして、遅刻する。登校しても「みんなが悪口を言ってくるクラスなんてイヤだ」と、人のいないパソコン室に隠れる。渋々、教室に行ってもとにかく眠くて仕方なくて、授業中も休み時間も机に突っ伏している。

はたから見たら、行動が意味不明だったことだろう。

気づけば私はクラスで孤立していた。

いつきは心配してくれたけど、それがとにかく癪に障った。いつきからやさしくされればされるほど、意固地になってしまう。とんでもないくそ野郎だったと思う。

いよいよ向こうにも愛想を尽かされて、私たちは必要最低限の会話しかしなくなっていく。

引くに引けなくなった私は、先生にこう伝えていた。

「2年になるクラス替えでは、絶対にいつきとクラスを離してください！」

そうして、私たちは1年近く口をきかなくなっていく。

――高2、おはガールとして『おはスタ』に出演、でも学校では……

高校2年生になり、いつきとは本当にクラスが分かれた。私はぽつんと孤立するかと思いきや、なんとか1つのグループに紛れ込むことができた。

仕事では『おはスタ』（テレビ東京）に「おはガール」として出るようになったり、『ワイドナショー』（フジテレビ）にワイドな現役高校生という枠で不定期出演できるようになったりと、テレビに出られる機会が徐々に増えていった。

春から初夏は順調で、平穏だった。


だけど、ある日学校に行ったら状況が一変した。


グループからハブられるようになってしまったのだ。それまでお昼ごはんも一緒に食べていたのに、わかりやすく誘ってもらえなくなり、口もきいてもらえない。グループにいた女優志望の子から、地上波番組への出演が増えたことをきっかけに、嫌われてしまったのだ。

全然大丈夫って顔をして、昼休みに1人でお弁当を食べる日が続いた。

それでも、次第に学校に行きたくない気持ちが高まっていった。

――東京の井上咲楽と地元での井上咲樂

あの頃の東京での私を、地元での私を知る人が見たら、「どれだけ猫を被っているんだ!?」とあ然としたと思う。

マネージャーさんから「咲楽ちゃんは怒ったことあるの?」と聞かれるくらい、東京の私は「従順」だった。気に入らないことがあると意地になって学校に行かないような一面があると知られたら、事務所の大人たちに見捨てられる。扱いづらい子という印象になったら、私の代わりになるタレントなんていくらでもいるのだから。

そう思って、都合の悪いことは事務所の人には話さなかった。学校に行ったり行かなかったりしていること。親友と絶縁状態になるくらいメンタルが乱高下していること。「学校? 楽しく行っていまーす」と受け流して、手のかからないいい子の井上咲楽として、人格を使い分けていた。

――現役高校生タレントのキラキラ学園生活?

現役高校生でタレント活動をしていると、キラキラした学生生活を送っているというイメージがあるかもしれない。だけど正直に言って、私はちっともキラキラめいていなかった。

こじらせた性格が災いしていたのだと思うけど、それはこじらせが悪化するような事件がいくつも起きたせいでもある。

例えば、学園祭。

他校の人たちが「この高校に井上咲楽がいるらしいよ」「あの眉毛がつながっている子?」「テレビで観たことある」といったノリで学校に来るのだ。「一緒に写真撮ってください」と言われ、もちろんうれしい。でも、その日の帰り道。駅のホームにいたら、他校から来てくれた人たちが目の前に並んでいて、話しているのだ。

「せっかく見に来たけど、普通だったな」

さっき写真を一緒に撮って喜んでくれていたのに……と直で人の本音を聞いてショックだった。

他にもある。

高3になってから、めちゃくちゃ親しみを持って接してきてくれる後輩ができた。

「井上さん、この間のテレビ観ました！　めちゃくちゃ可愛かったです！」

たびたび声をかけてくれた。懐かれる感じが新鮮で、うれしかった。

だけど、ある日いつものようにエゴサーチしていたら、ある投稿に遭遇した。

「うちの高校に井上咲楽っていうやつがいるんだけど、本当にあんな不細工のくせに推しと共演できてマジむかつく」

「でも近づいておけば、いつか推しと井上咲楽が仲良くなった時に、私もつながれるかも」

匿名でやっている裏アカウントで、誰にもバレないと思って好き勝手に書いている感じだった。それがエゴサを日課にしている私の目に入ってしまったのだ。

確証はない。だけど、たぶん、あの子だ。

気づいた時の、体をかきむしりたくなるようなゾワっとした感覚が忘れられない。人間の二面性ってめっちゃ怖い。

――眉毛が運んでくれるチャンス、深まる悩み

自分ではまさか、眉毛がウケると思っていなかった。

ホリプロスカウトキャラバンで注目を浴びたし、中学生の時から散々イジられていたけど、「東京にはこんな眉毛の人はいっぱいいる」と思い込んでいたのだ。

だから、「眉毛の子」と珍しがられて、テレビ番組に出るチャンスが続いた時も「え!? 私の眉毛って、そんなに?」と半信半疑。これが武器になるなんて想像もしていなかったし、予想外だった。

高3の頃、『アウト×デラックス』(フジテレビ)や『アッコにおまかせ!』(TBSテレビ)『バラいろダンディ』(TOKYO MX)など、バラエティ番組に続けて呼ばれたことがあった。まさに、眉毛きっかけでのテレビ出演だったけど、トーク力がまったく追いつかない状態だった。

だから1回は呼ばれるけど、2回目の声はかからない。期待して呼んでくれたスタッフさんと収録後に顔を合わせるのが申し訳なくて、裏口からこっそり帰ったこともある。テレビの現場の大人の人たちは面と向かって「良くなかった」とは言わない。ただ呼ばれなくなるだけだ。その正直な残酷さが結構きつかった。

テレビに出られるのはうれしい。だけど、毎回うまくいかないから苦しい。

失敗体験が積み重なるし、マネージャーさんからは死ぬほど怒られるし、楽しくない。私の感覚では、高校時代はもちろん、21歳くらいまではチャンスをもらっても、波に乗れないまま足踏みしている感覚だった。

眉毛のインパクトで、井上咲楽を認知してもらうスピードは速かったけど、実力が足りない。見た目のインパクト以上の何かを残せない。自分の実力不足に焦りを感じて、答えの出ない武器探しが始まっていった。

——顔にマッキーで落書きして宇都宮線で東京へ

マネージャーさんと一緒に「これはチャンスだ」と気合いを入れて挑んだ番組があった。

でもいざ収録が始まると司会の方と芸人さんたちのテンポのいいやりとりに飲まれてしまって、全然しゃべれなくなった。このままじゃダメだ……と思った私は、トークの流れを読まずに発言。ベテラン芸人さんの機転に助けられたものの、スタジオがヘンな空気になってしまった。

収録後、マネージャーさんからとても書き残せない言葉と勢いで、ガンガンに詰められた。

スカウトキャラバンの時から近くで支えてくれている人が、本気で叱ってくれている。なんとかしたい。なんとかしなくちゃ。

幸か不幸か、翌日もバラエティ番組に出演するスケジュールだった。


朝、学校に行って早退。栃木から東京に向かう午前中の宇都宮線で、マッキーで眉毛をつなぎ、閉じたまぶたに目を書き込む。

何か面白いことをして、まずはマネージャーさんに誠意を見せたいともがいていた。

罰ゲーム直後のような不審な状態で、うつむき加減で電車に揺られていると、乗り合わせた人たちは「なんなんだこの人」という顔でチラチラとこちらを見てくる。

私は寝たふりをして、無の気持ちでいた。

でも、まぶたを閉じるとマッキーで書いた目が露見して、余計に怪しかっただろうな。

テレビ局でマネージャーさんと合流し、「昨日はすいません！」と頭を下げたら「咲楽ちゃん何それ？」「もしかして、そのまま電車に乗ってきたの!?」と笑ってくれた。反省しているから顔にマッキーで落書きするなんて意味不明だが、私は精一杯だった。

――高3、親友と一緒に行くはずだった遠足

仕事で壁にぶつかっていた高3の夏、ディズニーランドへの遠足があった。

園内は広い。変わらずクラスで孤立していた私は1人で回るしかなくて、憂鬱だった。でも、高1の時に絶縁して以降、別のクラスになっていた親友のいつきが、ずっと気にかけてくれていると噂で聞いた。

遠足ではクラスに関係なく自由行動ができる。そこから、いつきとまたちょっとずつ話すようになった。高1の頃のような仲の良さまでには戻れなかったけど、遠足が近づく頃には「移動のバスはクラス別だけど、向こうで合流して一緒に遊ぼう！」とだいぶ距離は縮まっていた。

遠足の前日、いつきは私の家に泊まって、２人で園内での計画を立てた。

ところが、私は仕事のことで神経がピリピリしていて、遠足当日の朝、髪型がうまく仕上がらなかったことで、鏡の前で突然ネガティブモードに入ってしまった。


「このままだと移動のバスでクラスのみんなに笑われる」

「孤立したまま2時間も乗るのはイヤ！」

「やだやだ！　もう行かない！」


突然「行かない」と言い出した私に、いつきは「なんで？」と困惑。お泊まりをして、計画まで立ててノリノリだったのに、朝になったら真逆の反応なのだから当然だろう。

駄々をこねる私を見て、お母さんは「いい加減にしなさい」と怒ったり、「いつきちゃんと行くの楽しみにしていたじゃない！」と励ましたり。いろいろと言葉を変えてなんとか私の気持ちを遠足に向かわせようとしてくれた。

でも言われれば、言われるほど、私は頑なになっていく。

「もう行かない！」「絶対クラスのみんなに悪口を言われるんだ！」とわめき散らした。埒が明かないから、といつきには先に集合場所へ行ってもらうくらい、激しかった。東京で「タレント・井上咲楽」として会っている人たちには想像がつかないだろう。それほどまでにメンタルが乱高下していた。

私はお母さんに引きずられるようにして車に乗せられた。でも変わらず車内でも「行かない！」の一点張り。集合場所に着いてからは、いつきはもちろん、先生やクラスの友だちもやってきて、「行こうよ」と誘ってくれる。

だからこそ、後に引けない。

10分が過ぎ、20分が過ぎた。これ以上は待てないとなったところで、最後に担任の先生が「本当に行かないの？」と聞いてくれた。それでも私は「行きません！」と突っぱねた。

遠足のバスはディズニーランドへと出発し、私は心底呆れた顔をしているお母さんの運転する車で家に帰った。

やっと回復しかけていたいつきとの関係も、この日を境にまたこじれて、とうとう卒業が近づくまで修復しなかった。

――突然決めた大学受験、志望校は慶應大学

テレビに出ている人は、頭がいい。聞くといい大学を出ている人も多い。

高3の秋、私は唐突に大学を受験しようと思った。

実はスカウトキャラバンの審査中も学校の偏差値のこと、進学の希望があるかどうかを何度か聞かれた。でも、うちはお父さんが工業系の高校出身で、お母さんは短大出身。大学進学に重きを置く家庭ではなかった。勉強に関して何か言われることはなく、私も高3の秋まで大学進学なんてまったく考えていなかった。

でも、スタジオでうまく話せないのは、頭が悪いからかもしれない。他のタレントさんのように大学に行ったら、変わるかもしれない。そんなふうに思ったのだ。

高3の秋なんて、もう受験シーズンは目前だ。

ここから準備して合格の可能性があるのは、小論文と面接で受けることができるAO入試だけ。しかし、多くの大学がAO受験希望者には英検2級レベルの英語力を求めていた。

残念ながら私は英語ができない。受験を思い立ったものの、受ける先がない。そんな中、人づてに教えてもらったのが慶應大学SFCだった。

当時のSFCは小論文と面接で合否を判定していたし、やりたいことを明確に打ち出して、なぜSFCで学びたいかをアピールすることで合格の可能性があると聞いた。

スカウトキャラバンの狭き門を突破した私なのだから、いけるかも。前向きな気持ちでそう思った。

親には、大学を受験することなんて言わなかった。高3、18歳の私は自分のやっていることを親に話すのがダサい、話したことで日々の仕事や生活についてあれこれ言われて介入されるのが超ダルい、と思っていた。

ある種、反抗期だったのだと思う。出演したテレビ番組を一緒に観るのなんてありえなかったし、私が家にいる時は観るのも絶対やめてと伝えていた。スタジオでもロケでもうまく振る舞えないでいたから、テレビから自分の声が聞こえるとゾワゾワしてしまうのだ。とはいえマネージャーさんから「オンエアは絶対観なさい」と言われていたので、子どもの頃、親に隠れてファミコンをやっていたのと同じ感じで、オンエアは1人でこっそりと観た。

――「仕事」とウソをついて塾に通った黒歴史

高校生ではなくなる時期が迫ってきて、仕事でも結果が出ず、私は自信を失っていた。

今も変わらずだが、思い込みで突っ走るところがある私は、親に内緒で勝手にＡＯ受験専門の塾と契約した。当時貯めていたお金の大半をつぎ込んで、集中講座に通ったのだ。
確か3ヶ月で20万円くらいの費用がかかった。
普段は10円単位の支出にこだわるくらいケチな性格なのに、突っ走る時は散財しがち。自覚があるのに、止められないのは今後どうにかしていきたいところだ。

受験のことも言わなかったのだから、塾も当然そうだ。親に「仕事」とウソをついて家を出て、渋谷にあるＡＯ受験塾に通った。たぶん気づいていなかったはずだし、今も私の口から塾のことは話していない。

塾では小論文として提出する文章の添削を受けた。私が選んだテーマは、地方創生。そのためのアイデアとして移動式直売所を作り、各地域の魅力をアピールしていく、という内容だった。自分としては準備期間の短い中で、それなりにまとめられたと思ったのだが、結果は不合格。付け焼き刃の小論文で合格できるほど、慶應ＳＦＣは甘くなかった。

他にはどこも受けていないので、私の大学受験は終了。進学はあきらめて、何事もなかったかのように仕事を続けた。今では完全な黒歴史だ。

――バレットジャーナルに書いた夢

受験が失敗に終わり、改めて芸能界で頑張っていく決意をした頃、私はバレットジャーナルという形式の日記に「３６５日テレビに出ている人になる」という夢を書いた。とにかくもっと活躍したかったのだ。

インタビュー取材を受けるたびに、「○○ランキングみたいなのに載りたいです」「移動中しか寝る時間がないみたいな芸能生活に憧れています」「年末年始の特番に出っぱなしの人になりたいです」と、現実からだいぶ遠い理想像を話していた。

早く売れたいという焦りから、何かしなければと高校生なのに「終活アドバイザー」の資格を取ろうとしたりもした。

あれは確か、お正月の時期に必ず入るユーキャンの新聞広告を見て決めたはずだ。

「私はおばあちゃん子なので、終活に興味を持って……」と、「どうして終活アドバイザーの資格を？」を聞かれた時の架空の答えまで想像しながら申し込んだのを覚えている。

講座の教材料は3万円。ＡＯ受験塾に続いて手痛い出費だ。

しかも、結果的には1回も教材を開いていない。「払ったからやる」「もったいないからやる」という性格ではないという発見があったのが、せめてもの救いだ。

――2つの世界での苦しさ、逃げ出さなかった・頑張れた理由

地元での学校生活。東京での芸能生活。

どちらにも困難はあったけど、2つの世界があったからこそなんとかやってこられた。

学校で友だちに陰で悪口を言われていた時、孤立してしまった時。その悩みを少し相談した人には「高校生活は3年で終わるし、卒業したらほとんどの人は二度と会わない。長い人生のうちのほんの一瞬だから深刻になりすぎないほうがいいよ」とアドバイスを

もらった。

正直に言うと、その言葉は素直に受け止められなかった。

高校生は毎日学校に行く。基本的には学校の人間関係が世界のすべてだ。大人から見ると、高校生の悩みは些細なことに思えるかもしれない。それは世界がもっともっと広いと知っているからだ。

苦しかった私が高校になんとか通えていたのは、東京での芸能活動があったからだ。事務所やテレビ局に行くと、プロフェッショナルな大人たちがいる。愚痴をこぼしながらも、楽しそうに本気で仕事をしている。広い世界の一部を感じられていたから、悩みながらも学生と芸能活動を両立できたのだと思う。

それでも親友と絶縁したり、後輩がやっている裏アカでの発言に戦慄したり、学校での人間関係に翻弄されて、欠席した授業もたくさんあった。

私の通っていた高校は単位制で、高3も終わりに近づいた頃、卒業に必要な単位が取れてないことがわかった。事務所の人には、仕事にちょこちょこ行っていたせいで単位が足りなくなっちゃったんです、と説明したけれど、実際はつまらない意地を張って行ける時に行っていなかったのが原因だ。

このままいくと卒業できない。

焦る私を助けてくれたのは、学校の先生たちだった。スカウトキャラバンを受ける時、学校に許可を取っていたから芸能活動は校外活動として認めてくれていた。「許可を出したのは学校だから、最後まで責任を取ります」と言って、補習を用意してくれたのだ。私がよくわからない理由でサボったのも知っているはずなのに、担任の先生が中心になって補習を行い、卒業に必要な単位を取らせてくれた。問題児すぎた自覚があるだけに、本当に感謝しかなかった。

高2の時の孤立から、勝手な被害妄想で〝クラスのみんな〟は敵、私のことは嫌いなんだと思い込んでいた。

だけど最後の最後で、全部ひっくり返った。

卒業式には仕事が重なって出られなかったけど、最後の補習を受けに学校へ行ったタイミングで、高3のクラスのみんながサプライズで1人卒業式を開いてくれたのだ。花束の他に卒業祝いのメッセージ付きの黒板アートまで用意されていて、「こんなに大事に思ってくれていたんだ」「みんなこんなにやさしく見守っていてくれたんだ」と気づかされた。

振り返ってみても、改めて感謝でいっぱいだ。

キーワード⑩ 忘れられない恋愛

20歳前後の時、めちゃくちゃ好きだけど、向上心の部分で確実に合わない人と付き合ったことがある。お互いに自己肯定感が低く、自己評価が高いタイプ。なにかとぶつかるし、ケンカしても何も解決しないし、でも好きだからなかなか別れられなくて大変だった。

それぞれ大事していることがあって、頑張っている。相手に才能があるのを認めているのに、その才能に嫉妬してしまう。どちらかが小さくても何か成果を出すと妬ましく思えてしまって、悔しさもあって一緒に喜べない。

だから、私に新しい仕事が舞い込んできても言いづらかった。言ったらきっと「よかったじゃん」と返してくれるけど、本心はそう思ってないんだろうなと疑わしく見えてしまう。

そのうち仕事にも響いてしまうような場面も出てきて、共倒れしちゃうような関係性だった。友だちからは「もうやめときなよ」と言われ、頭ではその通りだよなとわかるんだけど、それでも好きだったのだ。

この恋愛を経験してから、好きなタイプが変わった。

向こうから来てくれる穏やかな人。でも、心のどこかではもう1回くらいめちゃめちゃ好きなロックな人と付き合ってみたいとも思っている。いつきからは「またあれになるのに？」と言われているけど。

キーワード⑪ 結婚願望

『新婚さんいらっしゃい！』（ABCテレビ）のMCをやる前は、バラエティ番組か何かのトークで「結婚願望は？」と聞かれたら「ないんですよ。おばあちゃんになったら1人で死んでいきます」「あ、でもそれもさみしそうだから、友だちと老人同士のシェアハウスがしたいです」と言っていた。

それが今はちょっとずつ結婚願望が出てきた。

すぐにという気持ちはまったくない。今のところ1人がさみしいという気持ちがないどころか、むしろお1人様ライフを楽しんでいるからだ。

ただ、ぐるぐると悩みのループにはまって、毎日がしんどいサイクルに入った時、結婚したら一旦落ちつけるのでは？　このループから抜け出せるのでは？　と思うのだ。

でもやっぱりそれはわがままな願望に過ぎなくて、もし付き合っている人から「結婚したい」と言われたら、「私これからこの人と60年くらい一緒にいるのか。いられるかな」と考えてしまうだろう。

だから20代のうちにまた誰かとお付き合いして、結婚がチラチラしてきたら、私はできるだけ遅らせようとするはずだ。周りを見ると、独身を楽しんでいる先輩がたくさんいる。だから早く結婚することへの憧れはないし、私もできるだけ遅く、30代後半くらいかなと今は思っている。

キーワード⑫ 家族と実家とYouTube

実家には月に1回は帰っている。YouTubeの撮影のため？　と聞かれることもあるけれど、帰った時に思いついて撮っているだけで、撮影のために帰ることはない。単純に1ヶ月もすると家族に会いたくなるし、実家に行くと気持ちが落ち着き、考えを整理できるのだ。

お父さんは自由人で、本当に自分の好きなように生きている感じがして、うらやましい。
お母さんは誰に見せるわけでもなく、暮らしそのものを楽しんでいて、ハッとさせられる。
妹は3人それぞれ違うけど、よく話す。東京の私の部屋に泊まりにくることもある。3人の妹の中で一番芯が強くて安定しているのが次女だ。私が何を相談しても冷静な意見を返してくれて、頼りになる。

YouTubeについて、改めて「撮っていい?」と話したことはない。お父さんはコメント欄を楽しみにしていて、実家のテレビに張り付いて自分へのコメントがないか一生懸命探しているらしい。この間、「コメント返してもいいの?」と聞かれたから「それだけは絶対にしないでね」と伝えておいた。

お母さんは出たい、出たくないで言ったら出たくないのだと思う。かといってやめなさいとは言わない。やってるねと見守ってくれている気がする。

やっぱり一人暮らしをするようになってから家族との距離感が変わった。昔は姉妹がいっぱいいるのも好きじゃなかったけど、今はみんな揃ってごはんを食べるのが楽しい。お父さんの嫌なところにも目をつむってうまく付き合えるようになった。

キーワード⑬ 多趣味

周りから「多趣味だね」と言われることがある。

料理、マラソン、選挙、手芸、トレイルラン……と、確かに趣味なのだろうけど、自分としては歯磨きをするみたいにやっているから、「これは趣味の時間」と分けている感覚がない。それに始めてみたものの、飽きちゃったものもたくさんある。

いろいろ自分がなれるものを探し続けている状態でいることは、私にとってコンプレックスの1つだ。

そんな話を藤井隆さんにしたら「でも、飽き性なのって、この仕事をしてたらすごいメリットだよ」「タレントって少しでもいろんなことをやっていたほうが役立つこともあるし、それっていいことなんじゃない?」と言ってもらえた。

納得できたし、気持ちがスッと楽になった。ずっと続けて日常になったものはなったもの、新しく始めるものは始めるもので、興味の向くままやっていこうと思う。

親友・いつき の証言

テレビやメディアを通して目にするタレント・井上咲楽の姿。そして少し怒りっぽくて情に厚いプライベートでの井上咲樂の姿。2つの狭間での苦悩も見て、支えて、わかり合ってきた無二の親友・いつきさんが語る、もう1つの姿。

暗幕みたいな前髪と話しかけるなオーラ

――井上さんと初めて会ったのはいつ頃ですか？

いつき 知り合ったのは高校1年生の新学期です。私は小学校・中学校とずっと一緒だった友だちと2人で固まっていたんですけど、クラスの中に異質な存在……咲楽がいました。入学したばかりの高校生はたいてい友だちを作ろうとするじゃないですか。群れないとさみしいかも、みたいな感覚で。でもその中で1人だけ、周りに話しかけるなオーラを発していたんですよ（笑）。

――ともすると印象がものすごく悪そうですが、いつきさんはどう思われたんですか？

いつき　「あの子、気になる」（笑）。咲楽は「なれ合うことはしませんから」という感じで、帰るまでずっと1人だったんです。だいたい昼休みになると、周りはグループを作ってごはんを食べるところ、咲楽は正面の黒板を凝視しながらごはんを食べていました。

それだけでも変わっているな、というのがわかると思うんですけど、見た目もまた強烈で。頭の高い位置で結んだツインテールに、めちゃくちゃ重い暗幕みたいな前髪。あとでその前髪は眉毛を隠すためだったって知るんですけど、当時は知らないので、とにかく普通の人とは違うオーラを感じていました。

――どうやって友だちになっていったんですか？

いつき　確か2日目だったと思うんですけど、咲楽が昼食にガラス瓶に野菜を詰め込んだジャーサラダを持ってきていて。1人で黙々と食べていたので、「それ何？　一緒に食べようよ」と話しかけたんです。その瞬間は「うわ、絡まれた！」みたいな顔をしていましたけど、それも含めて「なんか面白い！」と思ってしまって、放っておけない存在になりましたね。

――そもそも井上さんは、どうしてそんなとっつきにくい雰囲気を出していたんでしょうね？

いつき　「いずれ喧嘩になるなら友だちなんていらない、1人のほうがいい」みたいなことだったと思います。咲楽は0か100かの考え方をするところがあって、なんだか過激なんですよ。

私が強烈に覚えているのは、仲良くなって3ヶ月後くらいのこと。初めての定期テストがあって、「頑張るぞ!」と思っていたら、私の消しゴムがないんです。「あれ? 持ってきたよな?」と思ってふと咲楽を見たら、口の中に私の消しゴムが入っているんですよ!

――……どうして?

いつき　本当に意味がわからなくてやばいですよね(笑)。目が合ったら口をモゴモゴさせながら「これであなたは書き間違えたら終わりだね!」って言うんです。この子は何を言っているんだろうって思っているうちに、そのまま消しゴムを食べきってしまって。

もともと芸人を目指していたからか、そういう過激な尖りがありましたね。いまだにどうしてあんなことをやったのか、理由は理解できないですけど、結局そのテストで私は全然いい点が取れませんでした(笑)。

ある日届いたデジタル絶縁状

――井上さんが芸能界を目指しているのを知ったのはいつ頃でしょうか?

いつき　仲良くなってすぐくらいだったと思います。咲楽が原宿でスカウト待ちをする時、一緒に行ったこともありますよ。

高校生の時点で将来のことを見据えて活動しているのってすごいことだし、当時から尊敬していました。それに、スカウトの人から名刺を受け取っているのを見て、「これは歴史的な瞬間に立ち会っているんじゃないか!?」ってワクワクもしていましたね。

――その後、在学中に「ホリプロスカウトキャラバン」で特別賞を受賞し、井上咲楽としてのタレント活動が始まります。本編では芸能活動と並行しての学生生活はメンタル的にも順調ではなかったと語っていますが、いつきさんから見てどうでしたか？

いつき　芸能活動が忙しくなるにつれて、学校での単位が取れなそうになってきたのも大きかったと思います。仕事とプライベートと学校の両立が難しくなってきて、そこでも０か１００かの性格が出ちゃったんじゃないかな。根がすごく真面目だから、気持ちがうわーってなった時、１人で沈んじゃうんですよ。私は「ひねくれて学校に行かないのはもったいないし、それは咲楽もわかっていることでしょ？」って説得し続けてはいました。だけど、１回拗ねちゃうと、もう全然言うことを聞いてくれなくて（笑）。何度も大きなケンカをしましたね。

――最終的には絶縁まで至ったそうですね。

いつき　ある日「このたび私は、いつきと縁を切ることに決めました」から始まる長文の、もう本当にめっちゃスクロールするくらい長いＬＩＮＥが送られてきたんです。まさにデジタル版絶縁状（笑）。

こちらからしたら唐突過ぎて「え!?」ってなりましたけど、ここまで意思を固めたのなら、私からどう返信しても意固地になっていくだけだろうな、と思って「わかった」くらいの感じにとどめて、一歩引くことにしました。

でも、表面上は絶縁状態だったのかもしれ

ないけど、私としてはずっと心配していました。もしいつかそのまま学校に来なくなって、単位も取れなくて、中退しちゃったらどうしようって……。本人も高校は卒業すると言っていたし、中途半端になったら絶対後悔するじゃないですか。結果的に卒業できたので本当によかったです。

——どうやって復縁をしたんでしょうか。井上さんはチャンスを一度逃して、卒業までは修復できなかったとつづっています。

いつき　たぶん咲楽は覚えていないんだろうなあ……。ある日、他のクラスの友だちに呼ばれたので行こうと思ったら、突然教室のドアが開いて、廊下に咲楽が土下座していたんですよ。「すいませんでした！」って。

私が好きな笑いを取りにきた謝罪の感じで、面白くてすごい印象に残っています。私自身は突っぱねる気もなかったし、また普通に話す関係に戻ったので、そこで仲直りをしたという印象でした。

ケンカも絶縁もしたけど、いい友だちを持ったなって改めて思います。

芸能人に「なる」という強い意志

——いつきさんから見て、井上さんの性格を3つの言葉で表すなら？

いつき　真面目、努力家、奇抜です。例えば、高校生なんて育ちざかりじゃないですか。みんなが教室で大盛のお弁当を食べている中、咲楽はジャーサラダだけにしてカロリーコントロールしていたり、お小遣いをやりくりして高い日焼け止めを使いながら日焼け対策を

1年に一度は行くという2人旅行での1枚

していたり。
そういう陰での努力はめちゃくちゃ見ていました。でも考えてきちんと実行していけるのは、「芸能人になりたい」じゃなくて「なる」という強い意志があったからだと思いますし、今タレントとして活躍しているのは本当にうれしいです。

――友だちである一方で、タレントとしてテレビに出る回数が増えていくのはどう感じていましたか？

いつき　高校を卒業してからも仕事が決まるたびに電話をくれていたんですけど、１つ１つが自分のことみたいにうれしかったですね。でも、テレビで観る咲楽は、やっぱり友だちの姿とは様子が違うので、「頑張れ！」って応援しつつも、緊張しちゃってまっすぐ観られない……という感じがありました（笑）。

——いつもと違うというのは？

いつき　うーん、テレビでは頑張りすぎちゃっている感じがあるんです。「何か爪痕を残そう！」みたいな気持ちが空回りしているというか。もちろん、お仕事だから頑張るのは当然なんですけどね。私としては、いつもの咲楽ですごく面白いし、オーラがあるのにな……ってもどかしさがあるというか。難しいですね。

「親友だよ」と言われたことも、言ったこともない

——もうすぐ知り合って10年が経つと思いますが、今の2人の距離感は？

いつき　そうか、10年！　すごいなあ。今の咲楽は前よりぐんと忙しくなっていると思うけど、毎日のように連絡は取り合っています。月に1回は栃木か、東京で会っていますし、今のところ1年に1回は旅行も行っています。

どれだけ有名になっても、私にとってはテレビに出ているスターという感じはなくて、あいかわらず奇抜で目が離せない友だちです。

——井上さんの本を作るにあたり、「プライベートの姿」を語ってくれる方にお願いしたいです、と相談したところ、井上さん自身から「親友のいつきがいいと思います」と紹介してくれたんですよ。

いつき　うれしいですけど、実際に「いつきは親友だよ」と言われたことは1回もないんです。私も言ったことないですしね。でもやっぱり周りに紹介する時は「咲楽は親友な

んだよね」と言っているから、これが本当の親友なのかなとか思ったり……。改めて言うと、ちょっと照れくさいですけどね（笑）。

——今20代半ばですが、30歳に向けて、井上さんに「ここはちょっと直して欲しい」というところはありますか？

いつき　ない、ないですよ！　だってあんなに魅力的で、それが立証されるかのように人気者になっているじゃないですか。その背景には彼女の努力の積み重なりがあると思うし、昔も今もめちゃめちゃ頑張り屋さんだし、面白いし、尊敬しています。

　もし、なんの努力なしにポンっと売れちゃったのだったら、妬みみたいな感情も生まれていたのかもしれない。でも咲楽は表に見えなくてもずっと悩んで頑張ってきて、私はそれを近くで見てきた。だから、しっかり応援したいと思うんです。素直にそう思えるのは彼女の人柄がいいからですよね。いつか咲楽のことを超応援してくれるおおらかな男性と出会って幸せになってくれたらいいな、と栃木から願っています。

高校時代の2人

第4章

ゲジゲジ眉毛とさよなら、
私の転機

――大田区蒲田で始まった上京一人暮らし生活

高校を卒業する少し前から私は東京と栃木の2拠点生活を始めていた。場所はマンスリーマンション。以前から仕事の時に泊まっていたホリプロの寮を出て、事務所の先輩の春香クリスティーンさんと一緒に住んで、東京での生活や芸能界のことをたくさん教えてもらった。

本格的に一人暮らしになったのは、高校を卒業してから。選んだ街は大田区の蒲田だった。ＪＲ蒲田駅と京浜急行電鉄蒲田駅という2つの駅があって、大きな商店街と飲食街があるにぎやかな街だ。

私は事務所のある街への乗り換えで使っていたので、「便利じゃん！」という印象を持っていた。でも、年上のスタッフさんに「蒲田で一人暮らしを始めた」と言うと、怪訝な顔をされることも多々あった。というのも蒲田駅は競馬、競輪、競艇の三大公営ギャンブル場が近く、飲み屋街も風俗街もある〝オジさんたち〟の集う街という顔もあるからだ。
18歳が上京先に選ぶイメージではなかったらしい。

そんな蒲田での暮らしだが、結局は半年で終わり、別の街に引っ越すことになる。理由はある番組がきっかけだった。栃木の益子町から蒲田への上京、蒲田からの次の街への引っ越し。どちらも物件探しから密着してくれた。

当時はとにかくテレビに出るチャンスを常に探していたから、私にとってはうれしい企画だった。ただ、番組スタッフが側で見ていて、物件探しの様子がテレビで流れると思うと、どうしても視聴者のことを意識してしまう。

「あの子、こんな普通の部屋を選ぶんだ？」
「お金を節約したいと言っても、やっぱりそこそこのところにするんだな」
「部屋選びの感覚、芸能人だと思っておごってない？」

そんなふうに見られるのは嫌だった。だからどちらの部屋選びもついつい奇をてらった選択になってしまった気がする。

――「栃木と東京は違いますから」と言った、あの人の表情

春香クリスティーンさんと一緒に暮らしている時、せまる一人暮らしに向けて、栃木で一人暮らしを始めようと物件を探している友だち何人かに話を聞いた。みんなの家賃予算は3、4万円。めちゃくちゃ安い。それでも部屋は広いワンルームや1LDK、駐車場付きみたいな条件だった。

だから、私もそれくらいで……と思って東京の不動産屋さんに行ったら、苦笑いとともに「そんな部屋はありません」とぴしゃり。

「でも栃木の友だちはみんな3、4万円でいいところに住んでいるんですけど！」と食い下がってはみたけど、田舎の子が来たなって表情で「栃木と東京は違いますから」と言われた。

それから、いくつか物件の資料を出してくれた。見てみると、3、4万円で借りられるのは風呂無しのアパートばかり。建物は古くてもいいし、駅から遠くてもいい。でもお風呂はほしい。となると、最低ラインでも5万円だった。想定していた予算をオーバーするけど仕方ない。しぶしぶ「5万円台で」と伝えたら、それでもギリギリですよ……という顔で紹介してくれたのが、蒲田の部屋だった。

もちろん、23区から離れればもっと安い物件はある。でも当時、私は『おはスタ』のおはガールをやっていたこともあり、早朝にテレビ東京に入る必要があった。蒲田はそのためのぎりぎりの範囲だった。

――週に1回、牛乳をくれる大家さん

契約した部屋は築50年の○○マンション。大家さんの名前にマンションを付けたネーミングだったが、見た目はマンションというよりもアパート寄りだった。

予算内の家賃だった分、駅からは歩いて20分。山育ちだから歩くのは苦にならない。でも、気になったのは、独特な部屋の入口だった。

部屋は玄関のドアの奥にある急な階段を上がっていった先。建物の造りも変わっていたけれど、扉はさらに印象的だった。私は怖い団体の事務所に行ったことがないから実際に同じかどうかはわからないけど、アルミ製の扉はドラマや映画で見るそれ系の事務所の入口にそっくりだったのだ。

しかもそのドアに直接、黒のマジックで「○○マンション」と書いてある。引っ越してしばらくは仕事から帰るたび、心の中で「私の部屋、本当に、ここなんですか?」というリアクションになってしまい、含み笑い気味でカギを開けていた。

――ゴキブリ柄の明かりが降り注ぐ部屋

週に何回かは1階に大家さんが寝泊まりしていた。気のいい感じのおじいさんで、週に1回は瓶に入った牛乳とパック入りの豆腐をお裾分けしてくれた。

当時、私には東京で言葉を交わす相手があまりいなかったから、牛乳瓶を返しに行ってちょっとした雑談ができる大家さんの存在に助けられていた。

だけど、困っていたこともあった。

蒲田のマンションには虫がめっちゃくちゃ出たのだ。どこからともなく入ってきて、いつの間にかシーリングライトのカバーの中に虫の死骸が溜まっていく。たぶん小さなチャバネゴキブリ。天井を見るたび、私はゴキブリ柄の明かりが降り注ぐ部屋に住んでいるんだな……と思っていた。

実家も虫が多い家だったので、このくらいは大丈夫。でも、昨日使って洗った食器の間にゴキブリの死骸がくっついていることが何度か続いて、それはさすがに気持ちが悪かった。

——自由最高！　のはずが……気づいたありがたみ

一人暮らしを始めた当初は、自由最高という感じで過ごしていた。

小さなことだけど、食事の時間を自分で決められるだけで幸せだった。お母さんから「今日、ごはんいるの？」「何食べる？」「何時までに食べてね」と、うるさく言われることもない。小さな衝突や言い合いをしないで済む生活に幸福感を覚えていた。

小さいけど、自分の〝お城〟ができたような気がしたのだ。

でも2ヶ月もすると、1人がさびしくなってきた。

帰宅してドアを開けても部屋は真っ暗。誰もいない。誰も脱いだ服を洗ってくれないし、干してもくれないから、どんどん洗濯物だけが溜まっていく。

実家では浴槽を洗う風呂当番があったので、自分も家事を担っているつもりでいた。だけど一人暮らしの排水溝はいつの間にか髪の毛が溜まって詰まる。お母さんは当番が見逃す風呂場の細かなところを清掃していたんだ、と初めて気づいた。

――ミニマリストに憧れての謎の選択

一人暮らしを始めたばかりの私は、必要最低限の物だけで生活するミニマリストに憧れていたので、部屋にベッドを置かなかった。

じゃあ、どうやって寝ていたかというと、床で寝袋にくるまって眠っていたのだ。何そのこだわり？ と今の私は思うのだけれど、蒲田の私は「そのうち慣れるはずだ」と自分に言い聞かせながら寝心地の悪い寝袋を使い続けた。本音を言えば、背中は痛いし、寝苦しくてたまらない。

結局、寝不足になってベッドを買った。私はミニマリストにはなれなかったのだ。

いろんなことがあったけど、蒲田の部屋で一番大変だったのは、洗濯だ。

部屋に洗濯機を置く場所がなくて、大家さんからはコインランドリーを使うように言われたものの、節約したい私はユニットバスの浴槽の残り湯につけ置きした衣類を足で踏んで洗い、洗濯板で汚れを落としていた。

最後の難関は脱水。いくら頑張って手で絞っても水気は残り、部屋干ししていると床が水滴で濡れる。

湿った床で寝袋にくるまって眠る19歳。想像していた東京一人暮らしとは違う始まりだった。

——カツカツ節約生活と8万円の積立貯金

一人暮らしはお金がかかる。

突然思い立った大学受験のためのＡＯ入試対策塾費、仕事になるかもと先走ってしまった終活アドバイザー資格取得のための教材費。それぞれを払った後だったので、私の口座残高はさびしい状態だった。

そこに引っ越し代、前家賃……とさらなる出費が重なっていく。家計は、この仕事でお給料をもらえるようになってから最大のピンチを迎えていた。しかも、料理をして、ごはんを食べて、お風呂に入って、残り湯を使ってユニットバスで洗濯して、寝袋で眠る生活をするだけでも毎月、電気代、水道代、ガス代の請求書が届く。

お金が、どんどん出ていくのだ。

夜な夜な不安になる。そもそもこの仕事がいつまで続けられるかもわからない。不安が、どんどん膨らんでいく。

だから、お金を貯めよう。貯めておかないといけない。

私は一人暮らし開始とともにカツカツの節約生活を始めた。

貯金額は毎月8万円。給料が入ったらそのまま天引きするようにした。家賃は5万円、1ヶ月の食費は８０００円。買い物で選ぶ食材の基準は安いもの。実家からもらったみそで、ほとんど具を入れないみそ汁を作っていたのをよく覚えている。おいしいや楽しいよりも先に「節約のために」がある自炊生活だった。

――今も消えない漠然とした不安

月に8万円を貯金に回すと、1年間で100万円近くになる。19歳にはなかなか大きなお金だ。

でもこれは、ここに行きたいとか、何かが欲しいとか、何歳までに何万円とか、はっきりした目的があっての貯金ではなかった。当時の私がどういうモチベーションで節約して、お金を貯めていたのか、正直、今の私にはよくわからない。たぶん、漠然とした不安に追い立てられていたのだと思う。

じゃあ、あの頃よりは確実に仕事が増えた25歳になった今、不安は解消されたのかというと、全然そんなことはない。

この仕事、この生活がいつまで続くかわからないという気持ちはずっとあるし、一般企業に就職した友だちと話している時にふと「私の生涯年収って、正直そうでもないんじゃないかな……」と考える。人によっては「井上咲楽はCMにも出ているし、たくさんもらっているんでしょ?」と思うかもしれないけど、私は給料制だから周りが想像するほどじゃない。

だから毎月8万円の積立貯金はずっと続けている。ずっとあの時と変わらない、8万円。お給料が増えたから積立額を10万円に増額しよう! とはならないところが、私の中途半端なところだ。

将来の生活とお金のことが漠然と不安なままなので、今も思い切った贅沢ができない。つい最近まで仕事と仕事の間に1時間くらい空き時間ができた時、目の前にスターバックスコーヒーがあって、1キロ先にマクドナルドがあるとなったら、徒歩15分かけてマックまで行ってスタバより安いコーヒーを飲んで、25分だけ休憩して帰ってきていたくらいだ。他にも、JRと地下鉄を乗り継いでいけば遠回りせずに着くのに、交通費を百数十円浮かせるために10分余計にかかる地下鉄だけのルートで移動する、なんてこともしていた。

節約癖が抜けない。でも、マクドナルドを選ぶのも、地下鉄だけで遠回りするのも、自由な時間を費やしたという意味で言うと節約になっているのかどうか怪しいものだ。

——密着取材のチャンスが欲しくて引っ越しを決断

蒲田に住み始めて半年くらい経った頃、同じ番組から「あの時の家、どうなりましたか？　今の状況をロケさせてもらえませんか？」という話があった。継続での密着取材のチャンスを摑めるかな……と、とりあえず部屋に案内することになった。

ある日、スタッフさんが部屋にやってきた。ミニマリストに憧れながらもベッドを買ったこと、残り湯と洗濯板で洗濯していること、虫が多くて困っていることなんかを伝えたものの、いまいち盛り上がらない。私はゴキブリの多い蒲田の部屋を出たい気持ちがあったので、「私が新しい場所に引っ越すのはどうですか？」と提案した。

テレビに出たいから引っ越しをする。それでいいの？　と思う人もいるかもしれないけど、歌が歌えるわけでも、演技ができるわけでも、モデル出身でもない。そんな何者でもない私は、自分から動いて出られる場を増やしていこうと懸命だった。

内見先は港区にした。ゲジゲジ眉毛で2つ団子頭の井上咲楽が港区に住んでいたらギャップがあっていいかな？ と思ったからだ。

この頃の私は、〝こんな私×こんなこと〟の組み合わせで面白さを出せないかと、そんなことばかり考えていた。

――港区で家賃格安の物件探し、心霊付き？

「港区、ただし家賃は安い」縛りの家探しが始まった。

最初に内見したのは、「六本木ヒルズが見える、ぼっとん便所の家」。築年数が蒲田の部屋超えの木造アパートで、正直、古いし、ボロいし、汚かった。でも、それ以上にビックリしたのは、その部屋のロケ中からスタッフさんたちの体調が悪くなっていったことだった。

私は霊感的なものがないほうなのだが、それでも明らかに「何かいる？」と変な感じがする部屋だった。技術さんがアパート外の路地で「なんかドッと疲れましたね」と座り込んでいたのを覚えている。

――広尾、プレハブ、家賃7万円

その後、間に1軒挟んでから「予算的に紹介できる最後の物件」として見たのが、広尾の天現寺橋交差点の側にあったプレハブだった。本当に工事現場にあるようなプレハブが、貸し出し物件として出ていたのだ。

広さは5．8畳で、シャワーとトイレ別。肝心の家賃は7万円。蒲田より2万円も上がるし、プレハブにしては高い。……でも、港区の広尾にしては安い。

私の脳内では架空のバラエティ番組の司会の人とのこんなやりとりが浮かんだ。

「咲楽ちゃん、最近引っ越したんだってね？」

「はい。蒲田から広尾に引っ越しました」

「広尾⁉　港区の？」

「でも、家賃7万円なんですよ」

「広尾に7万円の部屋なんてあるの？」

「実はプレハブで」

「プレハブで7万円？　ていうか広尾にプレハブの物件なんてあるの？」


話が広がる。これはネタになるかも。私は2回目の引っ越し先を決めた。

――何者でもない私は奇をてらわないとテレビに出られない

この頃の私は、とにかく〝武器〟がほしくて焦っていた。

バラエティ番組や情報番組にはオーディション的な意味合いのスタッフさんとの打ち合わせの場がある。そこでは「最近楽しかったことはなんですか？」「自分の自慢ポイントってなんですか？」といったことを聞かれる。私は「あの若手女優がバラエティ番組に出演!?」みたいな肩書のある立場ではないので、とにかくキャッチーなエピソードを持っていかないといけない。例えば、自慢ポイントとして「広尾のプレハブに住んでいます」と伝えて、話を広げるネタにするという感じだ。

そのため、できるだけ奇をてらったエピソードを……という意識があった。

実際、アルコ&ピースさんがMCをしていた『勇者ああああ～ゲーム知識ゼロでもなんとなく見られるゲーム番組～』(テレビ東京)では「私はうんちの写真を撮るのが趣味なんです」と言って出演が決まったことがある。

健康管理として、うんちの様子を観察して記録する〝ウンログ〟というアプリを使っていたのも事実だが、番組では「幼い頃から便秘がちだったので、出るのがうれしくて記念にデジカメでうんちの写真を撮っていた」というエピソードを話した。アルコ&ピースの平子さん、酒井さんはもちろん、芸人さんたちはこんなキワモノっぽい話もちゃんと笑いに変えてくれるから本当にすごい。

一方、私は奇をてらったエピソードを仕事につなげる経験を何度かするうち、「やっぱり変わっていないといけない」「肩書きのない、何者でもない無名な人が出ていく時は、『え、何それ?』となるネタが必要だ」という思いが強くなっていった。

歌えないし、踊れないし、きれいでもない。私は最初に面白いと思ってもらわないと名前も覚えてもらえない。日常生活から「これをやったら面白いかな?」ということばっかり考えていた。

――自分のキャラに合いそうな趣味を探して迷走する日々

国会傍聴、選挙&政局ウォッチ、マラソン、手芸、もんぺ作り、料理、ぬか漬け、発酵食品、昆虫食、プラ板、カメラ、人の名前の音訓読み、消しゴムのカス集め……などなど。

この時期、私は「こんな趣味を始めました」「実はこんなことをやっているんです!」と、いろんな番組で話していた。

今も続いているものもあれば、三日坊主くらいの早さでやらなくなってしまったものもある。

例えば、選挙、マラソン、料理、昆虫食ははっきりと今でも趣味だと言える。一方で、手芸やもんぺ作りはできあがった作品のセンスが問われるようで、続けてはいるけど声高に「趣味です」と言えない。その他、始めてはすぐに消えていった趣味については、そっとしておいてもらえるとありがたい。


もちろんその趣味を始めたこと、やっていたことにウソはない。でも、武器探しの一環だったのも間違いない。

この趣味って、ゲジゲジ眉毛で2つ団子頭の自分に合いそう。意外性があるって思ってもらえそう。その予測が合っていたかどうかはさておき、そんなふうに自分を外から見ている感覚が常にあった。自分が自分のマネージャーで、井上咲楽はこんなこと好きだと言ってやっていそう、この見た目の子がこんな趣味をしていたら「へー」って驚きそう、だからやってみる、みたいな。

根底にはもっともっとテレビに出たい気持ちがあって、上京したのになかなか思い通りにいかない状況へのしんどさがあって、とにかく中途半端な状態から早く抜け出したいという強い焦りがあった。

――結局、武器がほしくて始めた趣味は続かない

始める趣味を、「2つ団子頭でゲジゲジ眉毛の自分」のキャラに寄せていったことで、苦しくなる場面も多かった。

例えば、「人の名前の音訓読み」は勉強すれば身につけられるタイプの趣味で、リズム芸っぽくもある、ちょっとシュールな音芸だった。完全に「できたら売れるかな?」という欲ありきで始めて、共演している先輩の名前を意外な読み方で披露したらバズるかもしれない……と意気込んで、オーディションに持っていった。

でも、見せられたスタッフさんの反応は「はて?」というもの。武器になるかもという欲で始めた趣味だから、私に相手の疑問を覆すほど面白さをアピールする情熱はなかった。気まずい雰囲気のまま、次の話題に移ったのを覚えている。

結局、今も続いている趣味は本当に自分が好きなものだけだ。

マラソンは学生時代に得意だったシャトルランとつながっているし、料理、発酵食品、昆虫食あたりは食べるのも作るのも好きな食でつながっている。選挙に関しては、仕事になるかも、意外性があるかもという気持ちから興味を持った趣味だけど、期間限定の選挙中に繰り広げられる人間模様の濃さが本当に楽しくて自分に向いていたと思う。

やっぱり考え方として、逆だったのだ。

まず自分が好きだったり、興味があったりするものがあって、見せたり、語ったりすることが世の中にウケるかどうかと考える。その順番が正しくて、こんな私がこんなことをしたらバズるかも……と趣味を探していくのは順序が逆だった。

結局のところ、無理をして始めても、根っこのところで面白がれていないと続かないのだ。

——「眉毛を剃ってみませんか？」

仕事はあるけど、停滞している。2020年はそんな1年だった。

2019年は今でも「島を回りながら虫を食べる番組すごかったですね」「地面に寝袋で寝ていたよね？」と言ってもらえることがあるくらい印象に残る番組『陸海空 こんなところでヤバイバル 虫の力だけで3泊4日 伊豆大島を歩いて1周 ヤバいいね！の旅』（テレビ朝日）に出演するなど、インパクトの強い仕事があった。

それに比べると2020年は低く安定しているというか、伸び悩んでいるというか……。

レギュラー番組もある。ゴールデンタイムのバラエティ番組に出演するチャンスもある。地方局からも仕事がくる。デビューした当初を思えば、贅沢な話だ。

それなりにスケジュールは埋まっているし、何日も休みが続くこともない。このままのペースでも2、3年はやっていけそう。

だけど、それでいいのかな？

そういう焦りの中で武器になる趣味を探したり、奇をてらった発言でバラエティ番組での出番を増やそうとしたり、はっきり言って、迷走していた。

そこに舞い込んだのが、『今夜くらべてみました』のスタッフさんからの「眉毛を剃ってみませんか」という企画だった。

私はマネージャーさんが驚くほど、深く悩むこともなく「やります」と即答していた。

——眉毛∨井上咲楽……誰にもわからない眉毛へのコンプレックス

街を歩いていると私を見かけた人が「なんだっけ、あの子。眉毛が太い」と言うやりとりが聴こえてくる。

井上咲楽という名前よりも、眉毛で先に世の中に知ってもらえたわけだ。ダンスも歌もできない、面白いことも言えない。周りには「眉毛だけで呼ばれているんだろうな、この人」と思われているんだろうな……と恥ずかしかった。事実として、自分は眉毛のおかげで仕事をもらえているし、バラエティ番組でトークがうまくいかない時も「眉毛イジり」が間を埋めてくれる。

自分が実際にテレビ番組に出ている回数に比べて、いろんな人から「観ているよ」と言われる回数のギャップが大きすぎて、次第に世の中をだましている気持ちにもなっていた。

人の印象に残るのはタレントとしてすごくラッキーでありがたい話だ。

ただ、「眉毛＞井上咲楽」という状況になっていることに対して、私は自分の眉毛にコンプレックスを抱くようになっていた。太い眉毛が嫌だったのではなく、眉毛に付属する井上咲楽みたいな関係性をどうにかしたかったのだ。

そこに「眉毛を剃りませんか？」という話があった。

仕事に停滞感を覚え、自分の眉毛にモヤモヤしているくらいなら、剃ることで何か変わるんじゃないか？　そう思った。

ゲジゲジ眉毛を剃って変身したという話題があることで、例えば1ヶ月、2ヶ月の期間限定であったとしても仕事がめちゃくちゃ増えるなら、賭けてみたい。もしその後、バーンと出演依頼がなくなったとしても、一瞬でも移動中しか寝る時間がないみたいな忙しさを味わってみたい。

そうなる可能性があるなら、剃ってみよう。

私はそんなふうに脳内会議を繰り広げていた。

――普通って言われるのが、何よりも怖い

一方で、眉毛を剃ることへの不安ももちろんあった。

ここまで読んでくださった人には隠しようもないけれど、陽キャか陰キャかで言えば、私は完全に後者だ。それが芸能界では、ゲジゲジ眉毛に2つ団子頭、派手な衣装をトレードマークにデビューした。しかも15歳で。

その子がモジモジして、人見知りで、暗かったら、誰もが扱いに困るはずだ。だから、空回りするくらい元気で、明るいキャラクターの井上咲楽になった。この眉毛、この髪型なんだから、陽キャじゃないとねと思っていたのだ。

でも、眉毛を剃ったら、トレードマークがなくなる。陽キャでいる必要がなくなったら、きっと陰キャな面が表に出てくるだろう。そしたら「なんかあの子、眉毛を剃ったら普通の子になったな」と言われるのではないか？

私は、普通って言われるのが本当に怖かった。

――眉毛という個性がなくなっただけになってしまうかも？

実は、眉毛を剃ってから『今夜くらべてみました』がオンエアされるまでにはしばらく間があった。

当日、スタジオで流すビフォアアフターの密着取材で、初めてプロのメイクさんに眉毛を剃り整えてもらった。でも直後に鏡を見た時の正直な感想は、「変わったかな？」だった。

以前、ネットでの書き込みに「井上咲楽、眉毛を剃ったらもっといい感じになりそう」というのを見て、眉毛を手で隠して鏡を見たり、写真を撮ったりしては「別に、そうでもないじゃん」と思った時と同じ。実際に剃ってみても大きく変わった感じはしなかった。

もしかすると、眉毛という個性がなくなってしまっただけになるかも……と不安になりながら、オンエアの日を待っていた。

――ゲジゲジ眉毛とさよならしたら、仕事が一気に舞い込んだ

オンエア後、ありがたいことに一気に仕事が増えた。

仕事を取るための武器を見つけよう、増やそうとしてきたのに、眉毛を減らしたら、やったことのない依頼が次々舞い込んでくる。美容雑誌、ファッション雑誌、グラビア撮影、ドラマ出演、バラエティ番組での恋愛企画……。とにかく「仕事って、こんなにいろいろ種類があるんだ！」とびっくりした。デビューからそれまでの数年間は、「どこに仕事があるんだろう？」と悩んでいたから、余計にだ。

現場の行き帰り、マネージャーさんと「世の中にはこんなにいろんなジャンルの仕事があるんだね」と話していた。

特に衝撃が大きかったのは、美容雑誌やファッション雑誌の写真撮影だった。

大きなスタジオにヘアメイクさん、スタイリストさん、カメラマンさん、それぞれのアシスタントさん、編集者さん、ライターさんが揃い、とにかくみんながやさしく褒め称えてくれるのだ。

シャッターが1回切られるたびに、カメラマンさんが「今の表情、いいですね」と言ってくれるし、髪の毛がちょっとでも乱れたらヘアメイクさんがささっと寄ってきて直してくれるし、衣装の襟元が少しずれたらスタイリストさんが直しに入って整えてくれる。

私が1人でやったら「この髪型はボサボサ……?」というスタイルでも、プロのみなさんが完成系をきっちりイメージして仕上げたもの。スタジオにはいい匂いのミストがただよっていて、撮影の邪魔にならないくらいの音量でカッコイイ音楽が流れている。

上がりの写真を見ると、見たことないくらいアーティスティックな自分が写っていた。なんだ、この違いは！　と驚いたものだ。

――過酷なロケをする私と美容を語る私、振り幅の大きさが充実感に

大好きな無人島ロケ。汚れても、何をしても誰も気にしない。それでいてカメラに映っているのは自分だけ。自由にできて、話す順番に悩んだり、焦ったりしないで済む分、私はトークバラエティより過酷なロケが好きだ。

虫を食べたり、炎天下の中で走ったり、野宿したり。体を張った企画の自分と、撮影スタジオでモデルさんのように被写体になっている自分。

振り幅の大きな現場に求められるようになれたことに対して、私はものすごい充実感を覚えた。

美容雑誌やファッション雑誌のメイクルームには「いったいこれだけ何にどう使うんだろう!?」というぐらいの数のメイク用具が並び、撮影カットが変わるタイミングでメイクさんがきれいに仕上げてくれる。

実はゲジゲジ眉毛に2つ団子頭の頃から、自分で化粧水を作ったりパックのことを研究したりと、美容に興味があった。でも、あのビジュアルのまま「メイクが好きです」「美容が趣味です」と言ったら、それはなんか寒くないか？　と自分で自分にブレーキをかけていた。

それがいつの間にか、「美容について聞かせてください」と編集者さんやライターさんからインタビューを受けるようになった。「私が語っていいの？」と遠慮しながらも、話し始めたら止まらないし、長年の疑問をプロのメイクさんたちに逆質問することもできるし、毎回、美容雑誌、ファッション雑誌の仕事は楽しみで仕方なかった。

――自分の居場所は一箇所じゃない、だから普通の自分を出してもいい

バラエティ番組以外の仕事が増え、いろいろなジャンルの現場にお邪魔して、それぞれのプロの人たちとご一緒させてもらったことで予想外の気づきがあった。

自分の居場所は一箇所じゃない、という安心感が生まれたのだ。

その感覚は料理本を出させてもらい、ＹｏｕＴｕｂｅチャンネルも始めた今、より広がっている。もしバラエティの世界で壁にぶつかっても、別の場所がある。自分の知らない新しい仕事はまだまだいっぱいある。それを知れたこと。その結果、安心感が生まれたこと。

それが眉毛を剃ったことで、私の中に起きた最も大きな変化だ。

普通と言われることが怖い。バラエティ番組でも普通のことを言ったら、埋もれちゃうから奇をてらった発言をしがちだった。

最近ハマっていることはなんですか？　と聞かれた時、本当は自炊なのに「垢を集めることです」と言ってしまっていた私。「え、何それ？」という反応が欲しいからだ。

芸能界では普通じゃないこと、唯一無二であることが必要なんだと信じていた。

だけど、それ以上に大切なのは共感だった。

『上田と女が吠える夜』（日本テレビ）に出ていた時のこと。

大久保佳代子さんや若槻千夏さんなど〝話す達人〟ばっかりを集めたような収録で、私は自分のエピソードがうまく話せず、全然ダメだった。オンエアでは使われないかも……と落ち込んでいた。

以前の私ならそのまま収録中にネガティブモードに入ってしまい、他の出演者のトークが右から入って左に抜けていくみたいな状態になっていたと思う。

だけど、その日の収録はそこから先の自分のトークに期待するのをやめることにした。「これだけ面白い人たちに自分が勝てるわけがない」と落ち込みを通り越して吹っ切れてしまい、〝聞くこと〟に徹することにしたのだ。

そうしたら、今までは音で聞こえていたものが、きちんと会話として耳に入ってくるようになった。

当たり前だが、みなさんの話はめちゃくちゃ面白い！

いつの間にか、リビングのテレビの前にいるみたいな感じで、のけぞりながら笑って聞いていた。そうしたら、オンエアでは私がめっちゃ笑っているところがワイプでたくさん使われていた。それだけでなく、ただスベりした自分のトークも見事な編集で活かしてくれていた。しかも、マネージャーさん経由で「たくさん笑ってくれていて、助かりました」というスタッフさんからの伝言までいただいた。

演出さんの手腕に驚いたし、改めて番組はみんなで作っていくものなのだと実感した。


バラエティ番組で普通のことを言ってもいい。

観てくれた人が「わかるわかる」「あるよね。そういうの」となってくれるのも、大切な仕事なのだ。

誰かの奇をてらった発言に驚いたり、笑ったりするのも大事な役割。奇をてらってもいいし、普通の自分を出してもいい。そう思えるようになったことも含めて、眉毛を剃ったことが私の大きな転機になった。

キーワード⑭ カレー

スパイスカレーに初めて触れたのは18歳の時。

上京した後、よく遊びに行っていたシェアハウスの人から「今度、カレーを作るから手伝ってくれない?」と言われた。ジャガイモがごろごろしている家のカレーを思い浮かべながら、あれくらいならと軽く引き受けた。

そしたら延々と数時間、タマネギを炒めさせられたのだ。

何これ? いつ終わるの? どこがゴールなの? と思いつつ、とにかく心を無にして炒め続けた。

結局、それがスパイスカレーとの出会いで、そこからその人に誘われていろんなお店を食べ歩き、自分でも作るようになった。

スパイスカレーはルーを使わない。スパイスという名の謎の木の枝や葉、木の実を混ぜ合わせるうち、カレーになるから魔法感がある。大体の料理は作っていると「こういう味になるだろうな」と想像がつく。卵と豚肉とお醬油を合わせたら、「あの感じだな」とわかる。だけど、スパイスカレーは不思議だ。この木の枝やあの木の実を入れた場合と入れなかった場合で、どう味が変わるのか想像がつかない。それが楽しい。

実家では私が作るスパイスカレーが好評で、帰った時は大鍋に20人前くらい用意するのがミッションになっている。これは前に料理雑誌『ｄａｎｃｙｕ』に載っていたレシピを基本に、いろいろ足したり引いたりしたもの。どのスパイスの効果で家族がおいしい！　と言ってくれているのかは、正直わからない。その謎感もスパイスカレーのいいところだと思う。

キーワード⑮ ファン

よく打ち合わせの場や取材を受けた時、「私のファンの人なんていませんよ」と言っていた。本当にそう思っていたのだ。でも最近、気持ちを入れ替えた。初めての料理本『井上咲楽のおまもりごはん』を出した後、ファンの人たちと交流する「井上咲楽の近況報告」というイベントを開催させてもらったからだ。

この日は、私にとってすごく大きな発見のある日になった。

私にも、私の発信している内容を応援してくれるファンの人たちがいたのだ！

一人暮らしの人、ご夫婦やカップルで来てくれた人。暮らす場所も、年齢層もさまざま。「ＹｏｕＴｕｂｅ観ています」「レシピを見て自炊をするうちに元気が出てきました」……そんな声を直接聞くことができて、ちょっとでもみんなの生活の原動力になれているみたいで、本当にうれしかった。これからもよろしくお願いします！

キーワード⑯ 蛭子能収さん

蛭子能収さんを知ったのは中学生の時。私はおばあちゃん子で、おばあちゃんが大好きだった「バス旅」という番組を一緒に観ていた。この番組で企画のルールをひょいっと超えてしまう蛭子さんの自由な動きを見て、私もこんな自由な人になりたい！　と憧れた。

その後、蛭子さんが本を出しているのを知って、1冊ずつ全部読んでいった。特に題名の「ひとりぼっち」に惹きつけられた『ひとりぼっちを笑うな』は、人見知りで人と馴染めない自分について悩んでいた時に読んだので、本当に人生を救われたというか、こんな自分でもいいんだと思って生きていけるようにしてくれた1冊だ。

だからもう10年くらいずっと蛭子さんが好きなままでいる。

私は日々、「ここではこういうふうに、しゃべったほうがいいんじゃないか」と考えてから発言することが多い。結果、本音を隠してしまうこともある。でも、蛭子さんはまっすぐに物事を見て、誰かから見られた自分を想像して話すのではなく、思ったことを話すところが、かっこいい。

蛭子さんが認知症を公表された後、仕事で何回かお会いすることができた。

（蛭子能収さんは２０１４年に認知症の前段階「軽度認知障害」であることがわかり、２０２０年にレビー小体型認知症とアルツハイマー型認知症を併発していると診断されたことを公表。その後も画業、タレント業を継続しているものの、認知症の症状は進み、現在は週に４回デイサービスを利用されている）

2回、3回と回を重ねても「初めまして」のご挨拶になる。最初は私のこと、覚えてほしいな……と思っていた。でも、徐々に1回1回更新されていく感覚が素敵だなと感じるようになった。私の部屋には蛭子さんの個展で購入した絵が飾ってある。

以前、対談でお会いした時、20年近く蛭子さんの側にいるマネージャーさんから「本人は描いたことを覚えていないかもしれません」と教えてもらった。描いたことを忘れられているかもしれないけど、描いた絵は確実にここにあること。描かれているその瞬間、絵と向き合っていた蛭子さんがそこにいたということ。それを思うと、私は強く感じるものがある。蛭子さんの心のままに歩まれていくところにずっと憧れているのだ。

キーワード⑰ YouTube

YouTubeでは、自分の自然体なところを発信できたらいいなと思っている。

テレビ番組は時間をかけてつくってきたVTRや素材をみんなで盛り上げていくもので、自分はあくまでもそのパーツの1つ。自分のパーソナルな部分を取り上げていただける機会はなかなかない。

もちろん、テレビはテレビで大好きだ。メイクしてもらうのも、コメントを考えているのも、特別な時間。

でも普段の私は、もっとこんなんなんだけどなーと思うところもある。そういう部分をＹｏｕＴｕｂｅでもっと見てもらえたらなと思っている。だから、大きなあくびをしたり、起き抜けですっぴんだったり、料理の手順を話そうとしたのに何をしゃべるか忘れたり……全部そのまま映している。

例えて言うなら、ＹｏｕＴｕｂｅは自分が部長の部活みたいな感じだ。私にとって能動的に動ける場所が増えたのは、うれしいこと。これまで「こんなことやったら面白いんじゃないか」って、自分で考えることが意外となかった。世界が増えた気持ちで撮っている。

第5章

井上咲楽として、
未来向きの今

――あの『新婚さんいらっしゃい！』⁉

年末年始の特番に出続けて年越しするような売れっ子になりたい。３６５日毎日のようにテレビに出ているタレントになりたい。「あの番組ね」と、誰もが知っているレギュラー番組を持ちたい。

芸能界で仕事を始めた頃、私はそんな夢をいくつもバレットジャーナルに書き込んでいた。

よく「書いたほうが書かないよりも叶う」と言うけど、２０２２年、自分で描いていた夢を超えてくるオファーが舞い込んだ。

ある日、マネージャーさんに呼ばれて事務所に行ったら普段はあまり使わない奥の部屋に案内された。

「あれ？　何か悪いこと、したかな？」とドキドキしながら待っていると、事務所の偉い人がやってきて「『新婚さんいらっしゃい！』（ＡＢＣテレビ）のＭＣが決まりました」と聞かされた。

え？　どの『新婚さんいらっしゃい！』？　もしかして、あの『新婚さんいらっしゃい！』!?

最初はまったく信じられなくて、「うれしい」とか「びっくり」の感情、「どっきりじゃないの？」という疑いの前に、何を言われているのかがわからなかった。

正直な感想は再びの「まさか、自分が」。

１人で机に向かってバレットジャーナルを書きながら、いろいろ勝手に妄想していた芸能界での叶えたいことリスト。その中にも、『新婚さんいらっしゃい！』みたいな伝統のある番組に自分が出る、それもＭＣを担当するなんて含まれていなかったからだ。

眉毛を剃ってからいろいろな番組に呼んでもらえた。ゴールデンタイムのバラエティ番組や情報番組、まさかの大河ドラマ出演、年末年始の特番にも出られて、もちろん、芸能界の仕事としてはまだまだかもしれないが、なんにもない高校生の自分が「ここまでいけたらすごいな」と線引きしていたところまでいけていた感覚があった。

だからこそ、想定もしてなかったオファーに自分が一番驚いたのだ。

――緊張の初収録、少しだけ気持ちが落ち着いた理由

大阪のテレビ局ＡＢＣでの『新婚さんいらっしゃい！』の1回目の収録は、局の人、事務所の人、新聞社やメディアの人、とにかくものすごい数の大人の方たちがスタジオに見に来ていて、めちゃくちゃ緊張した。

私に回ってきたのは、約25年出演したホリプロの大先輩の山瀬まみさんからのバトンだ。胃が痛くならないわけがない。しかも、一緒にＭＣをする藤井隆さんとも、その日が初めましてだった。なおさらドキドキする。脇汗がすごかった。

でも、隣を見たら、藤井さんも滝のような汗をかいていた。

あれ、もしかして藤井さんは私以上に緊張されている？　それはそうか。１９７１年の番組開始以来、51年にわたって司会を担当した桂文枝師匠から番組を引き継ぐわけだから……と思ったら、少しだけ気持ちが落ち着いていったのを覚えている。


そこから2年ほど。私が書くまでもないことなのだけど、藤井さんは本当にすごい。トーク力もコミュニケーション能力も段違いだ。出演する新婚さんと一緒に歌ったり踊ったりモノマネしたり、一瞬で仲良くなってしまう。

また、藤井さんは気遣いの奥行きがすごい。その瞬間のトークが面白くなればいい、というだけではなく、ご夫婦のその後のことまで考えて、ご夫婦の見え方に気を遣いつつ面白さを引き出していく。

自分はそんな力を持っていないので、感心したり、憧れたり、落ち込んだり、やってやると焦ったり、少しだけでもモノにしたいなと思いながら勉強させてもらっている。

でも、結局は毎回「楽しい」が勝って収録が終わるのだ。

まず、登場する新婚さんたちのエピソードが本当に面白い。そして、さまざまな出会いや赤裸々な生活話を堪能できることが、とても学びになる。

結婚にまったく興味がないままMCになったけど、おかげで今はだいぶ結婚観が変わってきたと思う。

――半地下の部屋で続けて起きたヘンな出来事

そういえば、『新婚さんいらっしゃい！』のMCが決まった少しあとのこと。私は短期間のうちに2回引っ越しをした。

流れはこうだ。4章で書いた蒲田から広尾のプレハブ、その後に西小山、諸事情あって3ヶ月後に荻窪へと引っ越しを重ねた。荻窪はしっくりきて、上京後、初めて2年間同じ部屋で暮らした。年齢も職業もばらばらのご近所友だちもできて、いい感じだった。

でも、その荻窪から奥様たちの街というイメージの白金台に引っ越すことになったのだ。

白金台の部屋は内見に行った時から、なんかヘンな感じがした。

築年数は約50年。外壁が「この色じゃないと隠せない何かがあるんじゃないか」と感じさせるくらい、ツヤツヤの黒で塗られていた。内見した部屋は、韓国映画『パラサイト』に出てくるような半地下。ジメジメしていて、「ここかぁ……」と思いつつも、結局「白金と井上咲楽、住んでみたらギャップがあるかな」と引っ越しを決めてしまった。

住み始めてみてすぐ、いろいろなことが起きた。

まず、荻窪から持ってきた観葉植物が全部枯れた。手入れが悪かったわけではなく、見る見るうちに植物の元気がなくなっていったのだ。続いて、カード詐欺に2回続けて遭った。さらには、夜中に電気ポットの熱湯が足にかかって大やけどした。1週間車椅子生活になって、妹がたくさん助けてくれた。そして、真冬だったのに、心霊ロケの仕事が増えていった。

そんな折、ある心霊ロケで一緒になった霊媒師さんから「あなた、ちょっとヘンな家に住んでいませんか？」と言われた。

「そうなんです、引っ越してからこんなことが連続であって……」とちょっとネタっぽく打ち明けたら、霊媒師さんは真剣な顔をして「引っ越したほうがいい」と諭してきた。

芸能界には運気を気にする人がけっこう多い。私はまったくそういうのを気にしていなかったのだが、あんまりにもついてない出来事が続き、霊媒師さんにも指摘され、別の番組で共演したアンミカさんに相談してみた。

するとアンミカさんは、私の生年月日、前の住所を聞き、方位学なのか、調べてくれて真剣な表情でこうアドバイスしてくれたのだ。

「咲楽ちゃん。あなたにとってそこは命取りになる家だから、すぐに引っ越したほうがいい」

それなら、と素直に従って今の家に引っ越した。

すると、ピタッとヘンなことが止まった。
前日に心霊ロケのオンエア時間が変わり、私は裏かぶり（同じ時間帯の他局の番組に出演していること）するので出演取り止めになった。それだけでなく、しばらくしたら『FNS27時間テレビ』（フジテレビ）の「100キロサバイバルマラソン」の出場が決まったり、大河ドラマの『光る君へ』（NHK）への出演オファーがあったり、観葉植物が枯れなくなったり、平穏な生活が戻ってきた。

何かある家というのは、あるのかもしれない。

――私は「仮」の枠の人

『新婚さんいらっしゃい！』のMCをさせてもらうようになって、『ひるおび』（TBSテレビ）、『ランスマ倶楽部』（NHKBS）、『サイエンスZERO』（Eテレ）とレギュラー番組も持たせてもらい、「忙しそうだね」「売れているよね」と言ってもらえることが増えた。

確かに最初の頃を考えたら、すごいことになっている。でも、私はあいかわらず「仮」の枠の人だ。


バラエティ番組、情報番組には「仮」の枠の人がいる。

本当はこのタレントさんをゲストやコメンテーターとして呼びたい。でも、スケジュールが合わないかもしれない。そんな〝もしも〟の時のために2人くらいスケジュールを仮押さえするのだ。つまりは、第一候補が出られない時に出番が回ってくる順番待ちだ。

私のマネージャーさんはそんな時、隠さずに「ここは仮で入っています」と教えてくれる。しばらくすると、「あの仮案件はばらしになりました」と言われることもあれば、仮のスケジュールがそのまま残り、番組収録となることもあった。


当然、自分は誰の「仮」になっているのか気になる。

依頼してくる番組のスタッフさんは「井上咲楽さんは○○さんのスケジュールが取れなかった時にお願いします!」とはもちろん言わないから、マネージャーさんも正確には把握していない。

でも、オンエアされた番組を観ると、「ああ、この人だったんだ」とわかることもある。

ちょっと前は、なぜか鈴木福さんが多かった。

「あ、仮押さえされていたこの番組のゲスト、鈴木福さんなのか」

「この情報番組のレポーター役も確か仮押さえのスケジュールに入っていたけど、鈴木福さんがやっている」

『マル・マル・モリ・モリ!』の印象が強くて、年齢も年下だけど、芸歴で言うと大先輩。なんで私が仮枠の人になったのか、今でも不思議だ。

最近では、ゆうちゃみや村重杏奈ちゃんが多い気がしている。ちょっとキャラクターは違うけど、同世代で女性だ。

もし、あなたがキャスティング担当だったら、井上咲楽をどんな時に押さえに使おうと思うだろう？

――会議で名前が挙がっている段階でうれしい

仮押さえされてモヤモヤするかと聞かれると、私は全然しない。

少し前、仮枠の人でいる自分についてアルコ＆ピースの平子さんや小倉優子さんと話したことがある。たまに3人でごはんに行かせてもらっている先輩たちで、それぞれが仮枠を経験しているから、「どう思います？」と聞いてみたのだ。すると、先輩2人も同じ意見で「うれしいよね！」という話になった。

1つの番組が成立するまでには、たくさんの大人の人たちが会議に会議を重ねる。当然、誰をキャスティングするかについても会議が行われている。たぶん、ホワイトボードなんかの前で、「最近出始めてきたこの人は？」「この話題だったらあの人は？」「あの子はこの前あの番組でベテランの○○さんにうまくツッコんでいたよね？」とやってくれているのだと思う。

そんな会議で、自分の名前が挙がっている段階で誇っていいことだろう。もちろん本命になれれば最高だけど、「仮」だとしても選ばれている。そこから裏かぶりの確認など、スケジュール調整があって、出演が決まる。

その過程を考えると感慨深いし、いろんな大人が自分たちの知らないところで動いてくれているのだから、うれしい。ありがたいのだ。

――受け身の仕事に焦りを感じ始める

とはいえ、たまにマネージャーさんから「この仕事は指名できました」「ぜひ井上さんで、と、こちらのスケジュールに合わせてくれていますよ」なんて教えてもらえると、めちゃくちゃうれしいし、テンションが上がる。

この人がいいと思って、井上咲楽のことを使いたいとキャスティングしてもらえるのは最高だ。

私たちの仕事は入れ替わりが激しい。このジャンルの、こういうタイプのタレントだったら誰でもいい、という決め方さえもある世界だ。いつ自分が仮枠の人から外されるかもわからない。

正直なところ、その不安はずっとある。

依頼があって出演する。基本的に私の仕事は受け身だ。そこに焦りを感じているのだ。

芸人さんはネタを作って舞台に立って賞レースに出て、テレビ番組にも出演する。俳優さんは舞台やドラマ、映画に出て、テレビ番組にも出演する。歌手さんは詞や曲を書き、曲を発表してライブをやって、テレビ番組にも出演する。

みんな、本人と紐付いた作品が残っていく。

だけど今の私はどうだろう？　私ももっと自分のパーソナルなところを伝えていって、「井上咲楽に仕事を頼みたい」「井上咲楽と一緒にやってみたい」と考えてもらえるような軸を持ちたい。

仕事観について考えると言ったら大げさかも知れないけど、２０２３年の秋くらいから、そういう思いが強くなっていった。

――ぐるぐるする仕事への考え

バラエティ番組での私の主な役割は、誰かが作ったモノに対してコメントしたり、最近起きたエピソードを明かしたり、楽しい時間と空間を観ている人に届けることだ。アーカイブされて配信されることもあるけど、基本的には一度きり。放送されたらおしまいで、次の番組。それがバラエティ番組のいいところでもあり、私が焦りを感じているところでもある。

呼ばれているうちはいいけど、呼ばれなくなったら？
そもそもどうして呼ばれているのか、よくわからなくない？
受け身のままの仕事で、この先も続いていくの？

バラエティ番組は、自分のことを発信できる場ではない。

無人島ロケみたいにじっくり密着してもらえるなら別だけど、画面に映った猫が可愛いことをどうコメントするかに一生懸命になったり、ゲストみんなで同じ料理を食べて被らないような感想を必死に考えたりしていった先に何があるのか。

悶々とする一方で、「よく考えたら自分なんかがこんなにたくさんの番組に出られるはずなかったのに、今は出られるようになって、こんなことを思うのもすごく失礼な話だな……」「いつの間に私はこんなに生意気なことを考えるようになったのか」「バラエティに出させてもらえる限り、まっすぐ全力で出ていくという覚悟でやってきたんじゃなかったのか」とか。

出口のないことを、ぐるぐる。

――2023年の秋は悩む秋だった

バラエティ番組でひな壇に座るゲストの1人として出演する時と、無人島ロケで寝床を探して歩いたり、100キロマラソンを走ったりしている時。

どちらがよりつらいかというと、実はひな壇に座っている時だ。

普通でいいと思えるようになってからだいぶマシになってきたけど、今も「そろそろ自分に振られる番かな」「うまくエピソードを話せるかな」「MCや他のゲストの人とうまく絡めるかな」とめちゃくちゃ緊張するのは変わらない。

正直な話、にぎやかなスタジオでにぎやかなに振る舞うチームの1人という役回りは、自分に向いていないのだと思う。どうしてもコミュ障で、ネガティブな益子町の井上咲樂が顔を出してしまうのだ。

それよりも1人で過酷なロケに挑んでいるほうが楽しい。

無人島で、「どこだー」と言いながら食べ物を探したり、「苦しい」と言いながら移動したり、走ったり。他の誰かを気にしなくていいし、自分1人でしゃべっていたらいい。奇をてらったことをやって、さーっと引いた空気になることもない。マラソン自体はもちろんしんどいけれど、必死に走っていれば「頑張って」と言ってもらえる。

それに、画面いっぱいに映れるのはうれしい。

スタジオでワーッとリアクションしている顔を小さい窓に映してもらえるのは、それはそれでありがたいことだけど、無人島の岩場でカニを捕まえて「カニでーす！」とびしょ濡れの顔のアップになったほうが観ている人へのインパクトは強い。


きっとタレントとしては、1日に3番組、4番組と出演できるスタジオ出演を得意としているほうが重宝される。無人島ロケは何日もスケジュールを押さえられて、その間は他の仕事ができない。私がマネージャーだとしたら、前者のタレントのほうが事務所に貢献しているな……と考えると思う。

２０２３年の秋は、改めてそんなふうに悩む秋だった。

――「全部、自分で」と伝えて、料理本の企画が始まった

「料理本を出しませんか」という話があったのは、不安と焦りでモヤモヤしていたタイミングだった。

実は私が聞かされていなかっただけで、それまでも何回か料理本の依頼はあったらしい。その都度、マネージャーさんが「作ってもそんなに売れないだろう」と断っていたそうだ。

でも、この秋は私がどんより悩んでいるのもあってか、「料理本を出してみませんかって依頼が来ているけど、どうする?」と伝えてくれた。なんでも、マネージャーさ

んがお断りした後も、それを上回る熱意で再び依頼してくれた編集者さんがいたという。

私はその編集者さんと会って話してみて、すぐに「やりたいです」と答えていた。

ただし、やる以上は全部の工程に自分が関わり、しっかりと作っていきたいとも思った。もちろん、撮影、編集、お皿などの什器の選択、本のデザインなど、プロの手を借りなければできないことはたくさんある。でも、料理本の柱となるレシピや調理は自分でしっかりやっていく。受け身じゃない仕事の仕方をしてみたい。

肝心なところでプロの手を借りているのに、「全部、井上咲楽がやりました」みたいな顔で表紙に出るような本にはしたくなかった。

だから、編集者さんには「全部、丁寧にやりたいです」「レシピも自分で作ります」と希望を伝えて、私の初めての書籍『井上咲楽のおまもりごはん』の企画が動き始めた。

──「好きな色ってなんですか?」の問いかけで気づいた〝空っぽさ〟

料理本の企画が始まってすぐ、受け身じゃない仕事の仕方がどういうものかわかった。それは、自分で決めるということの連続だ。私にとってはそれがしんどくて、でもとても大事なリハビリになった。

例えば、撮影に向けた打ち合わせをしている時、「お皿をどうしますか?」という話になった。

什器と盛り付けを担当してくれるスタイリストの久保田朋子さんはお皿のスタイリングを手がけるプロで、お料理を盛る器をセレクトして、器周りのテーブルコーディネートをしている。打ち合わせには私が普段使っている私物の益子焼の器もいっぱい持っていった。久保田さんたちと1つ1つを確認しながら、盛り付ける予定の料理との組み合わせを考えていく。

その過程で、久保田さんから「咲楽さん、好きな色って何ですか？」と聞かれた。単純にテーブルをコーディネートする時の参考にしたいだけだったのだと思う。でも、私はめちゃくちゃに迷った。私の好きな色？　となってしまったのだ。

そこで、マネージャーさんにマジな顔で「すいません、私が好きな色ってなんだと思いますか？」と質問した。返ってきたのは、「知らないよ。自分で答えなよ」という答え。そりゃあそうだ。

でも本当にわからなくて、困った。

——また1つの転換点になった『井上咲楽のおまもりごはん』

色は本当に一例に過ぎなくて、私はこれまでそれくらい自分で何も決めてなかったんだなと気づいた。

好きなこと、好きなものはある。だけど、その「好き」には「周りから見た井上咲楽だったら、好きって言うかな？」というフィルターが挟まっていた。だから、シンプルに好きな色を聞かれただけなのに、困ってしまうのだ。胸を張って、「私はこれが好きです」と言えなくなっている。

いろいろと書いているけど、本作りの序盤でストレートに好きなものを好きと言えなくなっている自分を発見できたことが、まずは良かった。

編集者さんや久保田さんからすると、「全部、丁寧にやりたいです」と希望を伝えたのに「好きな色」を聞いただけで困っているのは、本当に手を焼いたと思う。

それでも『井上咲楽のおまもりごはん』を作っていた時間は、私にとって大きな転換点になった。

好きを基準に自分の考えを提案して、仕事を進めていく。外から見て劇的に変わったところはなかったと思うけど、居場所は自分で作っていけることを知ったのだ。

――私みたいなバラエティタレントは「推し」にならない？

『井上咲楽のおまもりごはん』を出した後、ファンの人たちと交流する「井上咲楽の近況報告」というイベントを開催させてもらった。

本に掲載したレシピを実際に調理して振る舞ったり、私の持っているちょっと変わったTシャツを展示して紹介したり、ゲストでお父さんに来てもらったり……。イベント会場の定員は40名。最初にマネージャーさんから聞いた時は、絶対に集まらないと思った。

例えば、街で「井上咲楽だ」と気づいてくれた方から、「好きで見ています」と言っていただけることがある。すごくうれしい。でも、心の中には冷静な私がいた。絶対に私はこの人の〝一番の好き〟ではない。

自分を卑下しているわけでも、相手を疑っているわけでもなくて、私みたいなバラエティタレントは「推し」の対象にならないからだ。

たまたまつけたテレビに私が出ているからといって、「あ！　咲楽ちゃんだ！」と見続ける人はいないだろう。

「この子、最近よく出ていて頑張っているよね」。バラエティタレントの私が持たれる好感というのは、実際のところ、そのくらいの感じだと思う。

アイドルやミュージシャンの人みたいに「めっちゃこの人を推していて！」「会えるイベントは全部行きました！」という熱心なファンの人はいない。

つまり、私が「井上咲楽の近況報告」というイベントをしても、自分目当てでわざわざチケットを買って足を運んでくれる人はいないと思っていた。

でも、イベント当日、会場は満席になった。あとで聞いたら定員の3倍を超える応募があったという。

私の料理を楽しんでくれて、ヘンテコなTシャツコレクションの話を笑いながら聞いてくれるお客さんたち。

そう、私にもファンの人たちがいたのだ！

すごくうれしくて、勘違いかもしれないけど、自分目当てで応援してくれる人を期待していてもいいんだという可能性を感じることができた。

——普段の自分を発信できる場所

2024年の6月、公式のYouTubeチャンネルを始めた。

実家のこと、日常のこと、料理や暮らし……そういうものをゆるゆると発信している。家族とごはんを食べているだけだったり、妹に愚痴っていたり、友だちとのドライブだったり、限りなく普段の私のまま撮っている。

始めは「観てくれる人、いるのかな？」と疑問もあったけど、開設してしばらくしたらチャンネル登録者数が10万人を突破した。本当にありがたいことだ。

高校生タレント時代からずっと続けているエゴサーチによると、テレビに出ている井上咲楽を観て「こいつうるさい」「いつもテンションが高くて、うざい」と書き込んでいる人がいる。

傷つきはしないけど、「普段はそうじゃないんだよ……」というもどかしさが、ずっと心の中にあった。

テレビに出る時は、スタジオに入り、芸能人の人たちと同席し、照明が当てられ、複数のカメラに撮られる。その向こうにはたくさんのスタッフさんたちがいる。自然とテンションは上がるし、多少オーバーでわかりやすく動いた方が観ている人に伝わるし、タレント井上咲楽になっていく。

それを観て「こいつうるさいな」と思われても、普段の私と違う膜のようなものを1枚被せた自分だから、傷つくけど、傷つかない。

ただ、「そうじゃないんだけどな」「陽キャじゃないの、顔からにじみ出ちゃっていませんか?」と思う。

テンションが低くて、挙動不審で、陰キャな私がバレてないとしたら、それはある意味、安心ではあるのだけれど、根っこにある普段の自分も発信できる場所を作りたい。

そう考えて始めたのが、私だけのYouTubeチャンネルだった。

――YouTubeでの私がぼろくそに言われたら、かなりへコむかも

人からどう見られているかをずっと気にしてきた私が、もっといつもの私を出してみようと思うようになったきっかけをくれたのは、『家事ヤロウ!!!』(テレビ朝日)という番組だ。

初めて出演した時、自宅に定点カメラが置かれ、部屋にはスタッフさんが1人もいない状態で、孤独に料理をした。

最初、いつもバラエティ番組のロケのやり方で「今からやりまーす」と、定点カメラに食材を見せたり、テンション高く話しかけたり、ガチャガチャしていたら、ディレクターさんから「1人でいる時の井上さんのままでお願いします」と指示が飛んできた。「素の私って……めちゃくちゃテンション低いけど、いいんですか?」聞くと、「日常の姿がいいので、ヘンに作らないでください」と重ねて言われた。本当にいいのかな……とどこか不安も感じながら、結局、ボヤッとした素の私のまま、ボソボソ、もにょもにょしゃべりながら料理をした。

収録が終わってからも「これ、放送して大丈夫かな? 普段のバラエティと全然テンションが違うけど……」と不安だった。

ところが、放送後は「井上咲楽って1人だとあんな感じなんだ」「いつもうるさいと思っていたけど、面白かった」とか、悪くない反応。しかも、主婦層の方からの反響が多いと聞いて、素直にうれしかった。

『家事ヤロウ!!!』のおかげで、素の私でも受け入れられるんだ……という安心感を抱けた。そのうえで開設したYouTubeチャンネル。始める時にも、何か1つ本当の自分の上に乗せた被せ物を外して、〝ただの私〟が何かしているのを出していく居場所にしていこう、と決めた。

だからその分、YouTubeでの私がぼろくそに言われたら、かなりへコむかもしれない。

でもそれはそれで、だと今は思える。「私はこんな感じです」と見せた時に、そんな私を好きになってくれる人を大切にしたい。

料理を作ったり、家族とごはんを食べたり、お母さんと出かけたり、妹と雑談したり。探り探り、ちょっとずつ素の私の動画を上げ続けている。

――この行ったり来たりする感情は何か？

25歳になった今、すごく不思議な感じがしている。

眉毛を剃った後に美容誌やファッション誌に出られるようになって、100キロマラソンを走って、無人島ロケもやって、選挙特番にも呼んでもらえるようになって、大河ドラマにまで出演することになった。

全部を含めて俯瞰して見たら、本当に面白い3年間だった。

テレビに出る仕事が続いているのもありがたいし、料理本も出せて、YouTubeも始めて、全部を自分が楽しめている感覚がある。周りから「井上咲楽はあんなこともするんだ」「意外」と言ってもらえるのがうれしいし、心地いい。

これからも自分から仕掛けて、違った面をどんどん出していきたいと思っている。

でも、あいかわらず内面ではぐるぐると考え込んでいる。

今が一番楽しい。そう感じているのに、ふとした時に不安になるし、苦しくなっている自分がいる。もちろん、「どこに仕事があるんだろう?」と悩んでいた当時には戻りたくない。それなのに、なんなら今が一番つらいと感じる日さえあるのだ。客観的に見たら、すごくバランスのいい状態になっているのに、何が不安で、何が苦しいの? と不思議に思われるかもしれない。
この行ったり来たりする感情をうまく説明できるかわからないけど、もう少しだけ、書いてみる。

例えば、マラソンは練習を重ねるとちょっとずつタイムがよくなっていって、目標をクリアすると、少し自信が増す。だけど一度完走できたらもう安心かというと、そうじゃない。
最初に27時間テレビで100キロマラソンを走ることになった時、「100キロってすごいなあ……。でも、もしこのすごいと思っている100キロを走りきれたら、自分のことをちょっとくらいはいいと思えるんじゃないか？　心をとってしまいたいと思うくらいうんざりする自分から、解放されるんじゃないか？」と思って、ゴールするのを楽しみにしていた。

でも、いざゴールしてみると、大きな達成感はあったけど、自分の中に大きな変化は起きなかった。あそこまで行っても何も変わらなかったことが残念なような、こんなことぐらいでは変化しない自分にホッと安心したような。そんな気分だった。

今、私のフルマラソンのベストタイムは3時間26分。ある程度、「すごい」と驚いてもらえるタイムで、記録が出た直後は満足感があった。

だけど、もう1人の自分がこんなツッコミを入れてくる。

「走っているのって、結局、手と足を早く動かしているだけじゃない？　これってバレーボール部だったのに球技がうまくならなかった私が、他にできることがなかったから続けているだけじゃないの？　マラソンを速く走れるからって、仕事の役に立つ？」

私の中ではいつもこうだ。

素直に喜べばいいのに、喜びさえも受け入れられずに自分に難癖をつける。できることとできないことがあって当たり前なのに、できないことばかりに焦点がいってしまう。

ずっと心が忙しくて落ち着かない。

――自己評価は高いけど、自己肯定感が低い私

たぶん、私は自己評価が高いのだと思う。だけど、自己肯定感は低い。

自己評価が高いから、うまくいくことがあっても喜ぶことができない。その反面、期待値が高いからこそ、失敗した時の落ち込みも激しい。

でも、自己肯定感は低いので、良かれと思って褒めてもらっても、「本当に全然そんなことありません」と謙遜とかではなく、真顔で否定してヘンな空気になってしまったりもする。なんだかもう、めちゃくちゃだ。

「もっともっといろんなことができるはず！」と自分に期待している私。

「理想が高すぎるんじゃないですか？」と自分のシャツの襟首をつかんで後ろに引っ張る私。

どちらの私も存在しているから、１００％満足して楽しい状態がやってこない。うま

くいっていても、常に何か足りないと焦っている。

でも、最近ある発見があった。

キャシー中島さんの息子で、手芸作家の洋輔さんと対談した時のことだ。洋輔さんは「例えば洋服だったらデザイナー、パタンナー、縫製、販売……など、細かい工程に別れているように、手芸は細かい工程の中で得意不得意を活かせるように、昔から分業制になっているんです」と話してくださった。

それを聞いて、「ああ、私に足りないのはこれだ」と思った。人にもそれぞれ違った役割がある。そのおかげで社会ってうまく成り立っている。だから人と比べるなんて、本当はどうでもいいことなのかもしれない。

私は、まず自己評価を正確にできるようになりたい。

これはできる、これはできない、を正確に把握して、それに対して悲観的になるのではなく、「じゃあどうする?」とまっすぐに考えたい。できないから、じゃあできるようにやり方を考えてみよう、もよし。できないことはできる人に任せて、できることで頑張ってみよう！　と切り替えるもよし。

今のままでは楽しめるはずのことも楽しめない。悲観的になっていることより、やるべきことがあることくらい自分が一番よくわかっている。

どうにかして、この雑巾を絞ったようなメンタルから抜け出したいと思う。

――5年後は30歳、生きるって大変だ

こんな私を担当して、マネージャーさんたちは本当にうんざりしていると思う。「何をそんなに悩んでいるの？」「料理本も完成したし、一度〝満足〟と思ったらいいじゃん」と言いたいことだろう。

だけど、私は躓きが1つあると、「私なんかもうダメでございます」みたいなネガティブモードに入ってしまう。「人生が思うように進まないんです。私、どうしたらいいですか？」と本当に面倒くさいやつになってしまうのだ。

そんな時、周りから「結構できているよ」と褒めてもらえても、「あの人はもっとできているし……」となり受け入れられない。「こういうところができてないよ」と指摘されたら「そうなんです、本当にダメダメなんです。それ、一生直せない欠点かもしれません」という気持ちになってしまう。

だから、私はオーディション番組を観るのが苦手だ。

オーディションに出ている人たちと自分を重ね合わせてしまうから。この人たちに比べて、私はなんて頑張っていないんだろうと思ってつらくなる。

その感覚は日常の中でも顔を出す。例えば、仕事で職人さんに会った時。一生懸命、作業に打ち込む後ろ姿を見ると、私にはなんのスキルがあるのだろうか？　どんな使命があって生きているのだろうか？　という気持ちになる。

結局、どっちに転んでも、外の評価と自己評価のギャップに悩む。

褒められると自分にウソをついている気持ちになり、「本当はそうでもないんですよ」と殻にこもる。いい仕事が入ってくると、「いぇーい！」と喜んだ後に、「こんな大役できる実力ないです」と落ち込む。

自分以外の人たちもそうやって生きているのだろうか。みんなもこういう面倒くさい思考を行ったり来たりして悩んでいるのかな。今日会ったあの人も、家に帰って1人になったらこんな感じなのだろうか。

あなたは、どういう気持ちで生きていますか?

もし、あなたも同じような感情を抱えて生きているなら、生きにくいよね?

生きるって面白くって、でも大変だ。

5年後は30歳。そう気づいたら、衝撃だった。

できればバラエティ番組には出ていたい。可能なら、もうちょっと井上咲楽指名でくる仕事の割合を多くしたい。料理、マラソン、選挙取材、YouTube、どれも続けていたい。

その上で、5年の後の私に本当に期待したいのは、この面倒くさい行ったり来たりする感情からの解放だ。正しく自分を認めてあげられる30歳になりたい。正しい自分ってなんだろう？　とも思うけれど。

ただ、今の私は、この面倒くさい性格でここまで生きてきた。

まずは、今日までの自分を認めることから始めたい。

キーワード⑱ マラソン

マラソンが好きな理由は、走った分しか進まないし、走るのをやめたら止まるところだ。周りがどうであっても、自分が走らなかったら進まない。この距離、このタイムは本当に自分の実力で獲得したものなんだなと思えるところが、いい。

出た記録は嘘をつかないし、揺るがないのが、心の支えにもなっている。

キーワード⑲ 日記

私は中学1年生の時から日記をつけている。長続きのコツは、毎日書こうとしないこと。

私はやると決めたのにできない日が続くと、「もうやーめた！」と全部をやめたくなる性格だけど、日記だけは書かないことも全部許している。

だから、中1からの10年の間、3ヶ月くらい1回も書いていない時期が何度かあった。見返したとき、「あー、この時期は、日記に目が向かないくらい楽しく過ごしていたんだな」と思う。そして、また書きたくなったらスタートする。真っ白でも、全然気にしないっていうのが続けるコツだと思う。

日記には、その日の出来事だけではなく、思ったことも書く。こんな気持ちになってヤバい、記さずにいられない！　と全部を言語化してしまいたいという気持ちで書く。

感情は自分の中だけにあって、その時の自分にしか感じられないもの。それを記さないのはもったいないないと思うのだ。

キーワード⑳ あのさん

最近、友だちになれたらな……と想像しているのは、あのさん。

私とはタイプが違うように見えるかもしれないけれど、そもそもファンで、顔も話し方も私の好みど真ん中。芸能人で生まれ変わるなら、あのさんになりたいくらいだ。

でも、好きになった一番大きなきっかけは『踊る！さんま御殿!!』（日本テレビ）に出た時のこと。

私はめちゃくちゃ緊張していて、自分のエピソードを話し始めた途端に「誰も笑っていないかも。この話やっぱりつまらないかも」と不安になってしまい、話が尻すぼみになりそうになった。でも、ぱっと顔を上げたら、反対側の席に座っていたあのさんが「うんうん」と相槌をうちながら真面目に聞いてくれているのが見えた。あのさん超やさしい！　と思うと同時に、聞いてくれている人がいるということにものすごい安心感を覚えて、何とかしゃべりきることができた。

あれ以来、あのさんにはとても感謝していて、友だちになりたいと思っている。

でも、連絡先を聞く勇気はない。

だって、私の中には「私のようなものと仲良くなりたいと思わないよ……」という考えが根強くあるから。だからまずはファンとして、ライブに行ってみたいと思っている。

キーワード㉑ 30代

少しずつ変化しているけれど、25歳になった自分は、今でも人と比べて自分はこうだなと落ち込んだり、自分って本当にダメだなってしょんぼりしたりしながら過ごす日がよくある。

正直なところ、その時間は結構しんどい。30代になったら、できない自分も認められたらいいなと思っている。

SPECIAL INTERVIEW 02

大先輩・藤井隆の証言

『新婚さんいらっしゃい！』でMCとしてともに番組を作り上げているタレントの藤井隆。芸人、司会者、俳優、歌手、音楽プロデューサーとさまざまな魅力を持つ芸能界の大先輩に聞いた、テレビの現場と裏側の井上咲楽とは。

ウソのない正直な反応に僕もスタッフも救われています

――井上さんと初めて会ったのはいつ頃ですか？

藤井　もちろんご活躍は存じていましたが、お会いしたのは2年前の、『新婚さんいらっしゃい！』でご一緒することになった時です。なので、今回こうやって声がかかって、「僕でいいんですか？」と思いつつも、本当にうれしいんですよ。

自分はどこか幼稚なところがあって、収録前も咲楽ちゃんとキャッキャしちゃうんです。でも立場を逆にして考えてみたら、年齢が何十も上の人からキャッキャこられてもえらい迷惑な話で、対応に困る……となるでしょう。

それは重々承知なんですけど、でも甘えてしまえるところが咲楽ちゃんにはあるんですよね。かといって収録後に「じゃあ、ごはん行く？」いう間柄でもない。この距離感はなんだろう？　と思っていたところに、今回こうして大事な1冊に呼んでもらえて、すごく光栄に思っています。

——改めて、共演されて感じた井上さんの印象を聞かせてください。

藤井　『新婚さんいらっしゃい！』という番組での主役は新婚さんです。なので、新婚さんのお2人が楽しくお話ししてくださったらもうそれでいいと僕は思っているんですね。つまり、僕が何かエピソードなどを用意することがない番組。でも、咲楽ちゃんは毎回きちんと咲楽ちゃんの意見や想像を用意してくれているように感じます。

それに、新婚さんから「お昼の時間にそんなセクシーな!?」というエピソードが出た時は、本当に「恥ずかしい」とか、「びっくり」とか、「困る」とか、素直な表情を見せてくれるんですよね。そのウソのない正直な反応が僕はすごく好きなんです。他にも僕だけだったら笑って終わっちゃう場面でも、彼女が「ん？」と引っかかって怪訝な顔をしてくれる。おかげでふと立ち止まることができるんですよ。それは今の時代に絶対必要なリアクションだし、テレビをご覧いただいている方々の気持ちに寄り添っていると思います。

だから、僕も番組のスタッフさんも咲楽ちゃんの感性に何度も、何度も救ってもらっています。

内面にある硬質でゴツゴツしたものが魅力的

藤井　『新婚さんいらっしゃい！』の番組収録の時は、お客様の前でオープニングトークをするんです。放送では流れないやりとりなんですけど、そこで彼女は「○○で楽しかったんです」みたいなトークをしつつ、最近あった仕事での失敗や抱えている悩みについても話してくれます。話の向こう側に、内面にある硬質でゴツゴツとしたものを感じるんですよね。僕はそこがすごく魅力的だと思っています。

――芯の強さみたいなものでしょうか？

藤井　過去に何かがあってゴツゴツした自分を見せないようにしているのかもしれないし、詳しくはわからないんですけどね。でも、今はまだ前面に出ていない硬質なものを、いつか我々ファンに見せてくれる瞬間がやってくるはずで。そのタイミングは年齢が追いついた時なのか、ドラマや映画や音楽といったお仕事がきっかけになるのか。または恋愛や結婚かもしれないですけど、人生のふとしたところで愛らしいルックスと内面のゴツゴツしたものがバチッとハマり、井上咲楽さんが一気に解放されて、もっととんでもない存在になる予感があります。

我々は「楽しいが咲く」＝「咲楽」という名前と明るさに安心しているんですけど、咲楽ちゃんはめちゃくちゃプロですよ。

――どういったところにプロを感じますか？

藤井　１００キロマラソンを走った次の日に、

大阪に移動して「新婚さん、いらっしゃーい！」って笑顔でオープニングができますか？　そんなスケジュールになっているなら、収録調整したのに！　と言いたくなったくらいです。でもそれは彼女が本当に1つ1つの仕事を全うしようと真剣にやっているからなんですよね。

でも、だからこそ悩むこともきっといっぱいあるでしょうし、大変なこともきっといっぱいあるんじゃないかなと思います。

関根勤さんからもらった言葉をお伝えします

——藤井さんは20代、30代での仕事の悩みにどう向き合ってきましたか？

藤井　僕が咲楽ちゃんの年齢だった時期の出来事はもう何十年も前で、もはや何にどう悩んでいたんだろう？　くらい忘れています（笑）。でも、ちょうど『笑っていいとも！』（フジテレビ）に出させていただいた頃、たぶん20代後半だったはずですけど、関根勤さんに救っていただいたことがありました。その時に関根さんからいただいた言葉を、この場を借りて咲楽ちゃんにもお伝えしようと思います。

当時、僕は大阪から東京に出てきて、テレビの仕事だけでなく、音楽活動や舞台、ドラマにも出演させてもらい、忙しくしていました。それは会社の人たちがプロジェクトを立ち上げて動いてくれていたからの恵まれた環境でした。

僕も咲楽ちゃんと同じで真面目、不真面目

で言えば、割と真面目なほうです。だから、用意してくれた人の期待に応えたくて、仕事での失敗が怖かったり、しくじったことを悔やんだりしていました。ある時、本当に落ち込んだことがあって、

そうしたらまったく悩み事の話なんてしてないのに、関根さんが気づいてくださって。「どうしたの？　なんかあった？」と声をかけてくれたんです。多分、番組で何か失敗して落ち込んでいるんだろうなと気遣ってくさだったんだと思うんですけど、「あの萩本欽一さんですら、失敗した番組も多いんだよ。僕だってそう。でも観てくれている人たちは、成功した番組を覚えてくださって、失敗した番組は忘れてくれるからね」と言ってくれたんです。

僕は関根さんがラビット関根さんの頃から大ファンですし、大好きな番組がいくつもあります。でも、関根さんは「すぐに終わってしまった番組もいっぱいある」と。言われてみると確かに、面白かったものばかりを強く覚えているなと気づいたんです。

番組について悩んでいたわけではなかったけど、僕はあの時の関根さんとのやりとりのおかげで、失敗してもいいんだなと気持ちが救われたんです。

多面的な咲楽ちゃんをどんどん出していって欲しい

——井上さんは本編の中で、褒められても上手に受け取れずに達成感の持続時間は短い、そのわりに「まだまだ自分はできるはず」と

追い詰めてしまう……と〝自己評価が高くて、自己肯定感は低い〟からこその悩みをつづっています。

藤井　きっと咲楽ちゃんの独特な感性があるんですよね。例えば何か質問をされた時に、手元の解答用紙に答えを書いたにも拘わらず、伏せたままで控えめに「私は、間違っていますでしょうか……？」と周りの様子をうかがっている。でも、めくってくれないその紙の下には咲楽ちゃんならではのとてもいい答えが書いてあるんですよ。その感じ自体も魅力的なんだから、どんどん自分を出していったらいいのにと思います。

僕も本番中、咲楽ちゃんがぐっと飲み込んだ言葉に対して「絶対に飲み込まないほうがいい」って伝えたいですし、もし失敗しそうとか、失敗したことで悩んでいるならば、観ている人たちは忘れてくれるかもしれないから次に進んだほうがいい。僕が関根さんからいただいた言葉を、今度は僕から咲楽ちゃんに贈ります。

この先、「あれとこれ、失敗したよな」って言われたり、インターネットに残ったりすることもあるかもしれませんが、失敗だけをいつまでも見つめていただかなくても結構だと思ってほしいです（笑）。僕も含め、ファンの人たちは、咲楽ちゃんがタレント業を真ん中にしながらも走ったり、お料理をしたりと多面的な魅力を持つ人なんだということをわかっていますから。

しかも、お料理に関してはレシピ本にもなったじゃないですか。あの本で最初に紹介されているのが「砂肝とキュウリを炒めた料理」なんですよ。レシピ本の一発目の料理って看板みたいなものだと思っていたので、「独特！」と驚いたのを覚えています。メイン食材が砂肝で、しかもキュウリと炒めるんや……と（笑）。でもその本が重版を重ねていっているというのは、もう絶対に彼女の飾らないお人柄がより多くの人に透けて見えてきているってことだと思うんです。

だからこれからは解答用紙を伏せてないで、興味のあること、ないこと、好きなこと、嫌いなことをはっきり出していって欲しいなと思っています。そうしたら「興味ある」「好き」以上に、世の中は「これは興味がない？嫌いなの？　なんで？」と関心を持って、それが次の仕事につながっていくことがあるはずです。

僕は自分の好きなことを見つけて、褒められることで伸ばしていくのが得意なタイプですけど、咲楽ちゃんは「興味ない」や「嫌い」と向き合っても「なにくそ！」と挑戦できる人だと思うから、ひょっとしたらＮＯの先に新たな道があるかもしれません。「好き」や「興味ある」は誰に何も言われずとも、自分で突き進んでいく人だと思いますから。

この先どんな井上咲楽さんになっていくのか、楽しみで仕方がないです。

おわりに

「今が一番楽しいでしょ？」

最近、共演する方からちょこちょこ言われる言葉だ。

「そうですね、過去に戻りたいと思わないくらい今がとっても楽しいです」と答える。

だけど、心の中では「でも今が一番つらくもあるんだけどね」と付け加える。

今が一番楽しくて、今が一番つらい。

矛盾しているかもしれないが、本当にそうなのだ。

一方で、テレビに出るようになってから「なんでそんなに頑張るの？」と聞かれることがよくあった。

見てもらえていること、応援してもらえていることが伝わってきて、うれしい。でも、頑張っている気は正直一切ない。

こんな自分で生きていくのが耐えられないのだ。

どうしようもなく嫌いな自分のままで生きていくのが、惨めで、だから行動する。頑張っているように見えるのは、このままだと自分がどうにかなってしまいそうだから。少しでも存在していてもいいと思える自分でいるための自己防衛でしかない。


芸能界で仕事をしていると、自分が落ち込む要素がたくさん散らばっている。

いいなああの人は可愛くて。背が高くて、足が長くて、素敵に笑えて、いいなあ。この人は思慮深い方だ、いいなあ。ダンスができて、歌がうまくて、面白くて、いいな、いいなあ。スターになりたかったなあ。

自分も何者かになりたかった。


たくさんのテレビ番組に出させていただき、マラソンで注目していただいたり、長寿番組にも出させてもらったり……。どうにかして存在していてもいい自分になれて、でも少しするとまた、自分はここにいる資格がないと責め立てる。やったことに対して満足できる有効期限が短すぎる。
そうしてまた、その気持ちを埋めるように何かを始める。その繰り返しの日々だ。

このループから抜け出すことはどうやら難しそうだと絶望している。何も感じないに越したことはないのに、とも思う。

だけど、こんなふうに面倒な感じでいられる自分もそんなに悪くないかもしれない……と、ほんの少しの希望を見出して終わりたい。

井上咲楽

じんせい手帖
井上咲楽

第1刷　2024年11月30日

WRITER	井上咲楽
WRITING ADVISER	佐口賢作
PHOTOGRAPHER	荻原大志
DESIGNER	サカヨリトモヒコ
STYLIST	熊谷美佐（井上咲楽）
HAIR & MAKE	開沼裕子（井上咲楽）
TALENT PROMOTION	株式会社ホリプロ
TALENT MANAGER	佐々木遥
EDITOR	片岡奈央
SPECIAL THANKS	井上さんのご実家
	陶知庵（栃木県芳賀郡益子町益子3053-2）
	Tea Room La-pin（栃木県真岡市伊勢崎381）
	石渡稔（初代連載担当）

発行人	小宮英行
印刷・製本	中央精版印刷株式会社
発行所	株式会社徳間書店
	〒141-8202　東京都品川区上大崎3-1-1 目黒セントラルスクエア
	編集 03-5403-4333／販売 049-293-5521
	振替 00140-0-44392

ISBN 978-4-19-865914-1